陪孩子找到自己的路

每个孩子都是独立的个体，
而教育就是陪孩子找到自己的路。

杨佳恬——著

中国出版集团 现代出版社

版权登记号：01-2019-7035

图书在版编目（CIP）数据

陪孩子找到自己的路 / 杨佳恬著. -- 北京 : 现代出版社, 2020.3
ISBN 978-7-5143-8395-9

Ⅰ. ①陪… Ⅱ. ①杨… Ⅲ. ①教育研究－奥地利 Ⅳ. ①G552.1

中国版本图书馆CIP数据核字(2020)第033642号

原著作名：《教育是，陪你找自己的路：欧盟「文化融合亲善大使」的奥地利教育大震撼》
作者：杨佳恬（Chia-Tyan Yang)
原出版社：小树文化
中文简体字版 ©2018 年，由北京千秋智业图书发行有限公司引进。
本书由小樹文化有限公司正式授权，经由 CA-LINK International LLC 代理，由北京千秋智业图书发行有限公司引进，由现代出版社有限公司在中国大路地区出版其中文简体字版本。非经书面同意，不得以任何形式任意重制，转载。

陪孩子找到自己的路

著　　者　杨佳恬
责任编辑　陈秀香
出版发行　现代出版社
地　　址　北京市安定门外安华里504号
邮政编码　100011
电　　话　(010) 64267325
传　　真　(010) 64245264
网　　址　www.1980xd.com
电子邮箱　xiandai@vip.sina.com
印　　刷　天津丰富彩艺印刷有限公司
开　　本　787 mm × 1092 mm　1/16
印　　张　13
字　　数　157千字
版　　次　2020年3月第1版　2020年6月第2次印刷
书　　号　ISBN 978-7-5143-8395-9
定　　价　49.00元

致读者

很高兴你有兴趣跟随作者一起走进欧洲学校的课堂，感受大师辈出国度的教育理念。本书作者13岁赴奥地利，先后就读于奥地利施蒂利亚州约翰·约瑟夫·福克斯音乐学院和格拉茨音乐与表演艺术大学，以优等奖从奥地利高中毕业，并以特优奖通过格拉茨音乐与表演艺术大学钢琴演奏考试。本书是作者亲历奥地利教育的心得体会，也是作者对中国与欧洲教育理念之间差异的反思。有真情实感，有理性思考，愿你不虚此行。

本书既是作者的个人思考集，同时也是远赴他乡异国求学之人的共同回忆录。相信你会在书中看到一些熟悉的经历，也会发现一些意外的不同。你可能会找到很多内心的共鸣，也可能会持有一些不同的观点。我们希望你能够以开放的心态去发现、去欣赏，然后谨慎地实践。因为就像作者所说，"每个国家的教育制度一定都有其优劣，我们常常关注令我们不满的缺点，而忘记了我们要相信自己所处的教育环境。我们当然可以对环境有所不满，因为人都想要追求更好。我们都在期盼环境变得更好，但在期盼的同时，正因为我们每个人都是环境的一部分，有些态度是我们能够从自己做起的。比如说，对教育环境保持正面的态度，对站在前线的教育者表达感谢和尊重，对在学习中的孩子保持信心等"。

我们相信你此行会有所思考，关于教育，关于成长，关于人生。这是作者写作的初衷，也是我们出版的希望。

推荐序

我们可以看看不一样的教育观

台湾屏东大学校长　古源光

认识佳恬是因为我曾经与她的父亲杨伯峰先生在屏东县政府共事，当时她父亲是工务局的局长，一个精力旺盛却务实的工程专家。我由于担任屏东副县长职务的关系，有机会与杨伯峰先生一起负责几个重大灾害的救援工作。在灾难现场，他总是能冷静地分析并提出最有效的因应对策，迅速完成救灾任务，因此我对他的印象非常深刻，或许佳恬也有这样遇事不慌乱的人格特质吧。

在一个偶然的机会下，杨局长邀请我出席佳恬在台湾举办的演奏会。那时，佳恬在欧洲音乐界已经开始崭露头角，并且经常在世界各地巡回公演。当时，我好奇地问："佳恬是何时及何种因缘下，选择到奥地利学习音乐的？"没想到，这一问勾起了杨局长的很多回忆，也让我知道一个成功音乐家的背后，有父母亲无怨无悔的全力支持与令人动容的故事。

佳恬从小就喜爱音乐，但是学习音乐的缘起，却与大多数台湾父母亲的期望一样，只想把它当成一门"陶冶人格情操的功课"而已。没想到，因为钢琴老师一句鼓励的话，佳恬在尚未理解离乡背井的离愁思绪之下，自恃艺高胆大，独自前往一个完全陌生的国度学习音乐。

杨局长告诉我，他们夫妻两人虽然均喜欢音乐，但也跟大多数家庭一样，有着学音乐只有富有家庭才供得起的传统思维。佳恬在幼小的年纪勇敢提出到维也纳学音乐的要求，确实让杨局长陷入了天人交战。但为了圆女儿的音乐梦，他仍然在一九九二年的夏天放手让她展翅高飞。

佳恬在奥地利展开了音乐探险旅程，同时进入当地学校，与奥地利学生一起接受完整的中学教育。对奥地利的学校教育、教师教学、学生学习等主题所呈现出的精彩回忆，都变成她在本书各个篇章中的写作元素。每一篇文章都有作者细微观察、亲身体验及成长学习的身影在其中，更有我们与奥地利在教育、教学、学习三方面的对比，并且依题材性质分成"'另类'的教育观、知识观：用'悠闲'迎接世界、用'自嘲'面对人生""学习不该只有一种方式：如何培养学生的学习力""从生活中发展的奥地利教育""每个孩子，都需要一个永不放弃他的大人""不论哪一个国家，都还在学习更好的教育方式"五大章。

令我赞叹的是，这些文章不仅有严谨细心的观察，而且运用了精准流畅的文字撰写，读来确实有一气呵成的舒畅感。这样洗练流畅的文字铺陈竟是出自十三岁就出国留学，迄今已待在奥地利超过二十五年的佳恬之手，实在令人难以置信。

一位自小勇闯天涯，活跃于奥地利等欧美地区的国际级音乐家、专栏作家及跨国音乐制作人，在国外有了这么高的成就之后，仍然心心念念着孕育她无瑕童年的祖国。

一开始，我是以批改学生论文的心情来阅读佳恬的文稿的，但是愈往后细读，越来越有主客易位的感觉，此时才惊觉需要借由此书"他山之石"来自我攻错！

这本书中，有相当多的成分在对比我们与奥地利教育体制的不同，读来能深刻体会作者殷切期盼的各种隐喻，但在文辞之中，却无任何批判贬抑之句。这是需要有清晰的思路、论述能力与深厚的写作功力才能达到的，很高兴这些能力佳恬都具备且远远超越了。

身为从事多年高等教育的工作者，以及佳恬一家人的好朋友，在这本书即将出版之际能够先睹为快，并为本书撰写推荐序，是我的荣幸。希望这本书的出版，能引发更多的读者及教育工作伙伴对未来教育创新的关注与回馈。

自序

跟我一起，回到留学奥地利的第一天

谢谢你打开了这本书。

我们即将一起踏上我在奥地利中学时期的历险回忆之旅。在旅途开始前，我想跟你握握手，让你认识我。我叫杨佳恬，是一个出生在台湾屏东的南部人，十三岁时，为了学习音乐，我踏上了奥地利这片土地。

现在，就让我来带领你，一起回味这趟令人震撼的学习之旅！

小学音乐班，让我与奥地利结下不解之缘

小时候，原本我的爸妈想说培养个兴趣，让我学钢琴，不料我竟然一头栽了进去。到我小学三年级时，屏东市正好创立了第一个小学音乐班，我也顺利考上了。因为是第一届，老师、家长和学生都在摸索，我就是在充满冒险精神的氛围中，过完了我在台湾的小学生涯。

我在台湾的最后一位钢琴老师，是位拥有奥地利国籍的华人。有一天，老师问我："想不想到奥地利学钢琴？"我就真的跑回家问爸妈这件事！当时，我们全家人都搞不清楚奥地利在哪个地方，但是爸妈看我学习的意愿很强烈，加上钢琴老师也愿意担任我的监护人，最终还是同意了这个提议。

决定要出国时，我才刚升初一。其间一直在准备出国事项，学校的课程基本上就只是为了维持出席率而已。

屏东是个很舒服的地方，我的家人对教育环境也没有什么不满，

我也很喜欢上学。出国只有一个原因：我想要实地去了解这个重要的古典音乐国家——奥地利的文化。我的钢琴老师与他的妻子，担任了我多年的监护人，用现代话来说，就是寄宿家庭的“轰爸轰妈”。

那年，是一九九二年。

我的家人从没想过，有一天我竟然会在奥地利落地生根。如今，我已经在欧洲待了超过二十五年。

跌跌撞撞的奥地利求学之路

不少台湾人听到我有从小留学的背景，会揶揄说：“富家女好棒棒噢，从小就被送出国！”事实上，为了让我学音乐，我的母亲在夜市摆了好多年的地摊，才赚足了我学钢琴的学费。

有时候，我也会听到：“哇！你一定是品学兼优的模范生！”其实，我曾经先被大学退学，后来又差点被高中退学……听到这里，或许你会惊讶：“先被大学退学才被高中退学？”是的，这的确是真实的情况，先大学后高中。当你看完本书，你就会知道为什么奥地利会有这个不寻常的教育顺序了。

我的求学之路走得跌跌撞撞，虽然一开始就遇到许多对我伸出援手的当地人，但是我总觉得自己与周围格格不入。家人不在身边，跌倒了，也只能自己呼呼（即“自己安慰自己”），站起来，继续撑下去。

奥地利教育带给我的人生养分

我在奥地利中学里面学到的许多观念，最终都成了我的人生养分。但是，我也想让你知道：外国的月亮没有比较圆。有认真为学生付出的老师，也有不管学生死活的老师。奥地利体制内也有不少缺失，但为了让学生拥有更好的教育环境，也在不断地进行教育改革。

我在奥地利的求学过程中，曾经是老师疼爱的资优生，也曾经是学校头痛的坏学生，甚至还被奥地利导师放弃，差点被退学。但是，在我自暴自弃的时候，也曾有老师紧紧抓住我的手，坚持不放开，当时，被温暖的不仅仅是我的手，还有我那叛逆的内心。也因此，我希望能在这本书中，传递当初的那份温暖，好好地交给正在阅读这本书的你。

在欧洲，我总是努力想让人了解我的家乡。在这本书里面，我想让你了解，我的第二个家乡奥地利，如何翻转一个亚洲女孩的成长过程！

现在，请跟着我，一起回到一九九二年……

目录

Part 1 “另类”的教育观、知识观：用“悠闲”迎接世界，用“自嘲”面对人生

Part 2 学习不该只有一种方式：如何培养学生的学习力

Part 3 从生活中发展的奥地利教育

Part 4 每个孩子，都需要一个永不放弃他的大人

Part 5 不论哪一个国家，都还在学习更好的教育方式

Part 1

“另类”的教育观、知识观：用“悠闲”迎接世界，用“自嘲”面对人生

亚洲女孩踏入奥地利这个遥远的西方国度，这段奇幻旅程，让她看见了不一样的人生观。从此，人生轨迹大翻转，原来，人生可以悠闲缓慢、可以用自己的话说、可以不用担心犯错、可以找到属于自己而不是老师给予的标准答案！

我们这么想

慢吞吞怎么会有竞争力呢？

VS

他们这么说

“悠闲”才能更冷静地面对生活挑战！

用“悠闲”迎接世界，用“自嘲”面对人生

一九九二年的夏天，因为想要学习音乐，十三岁的我离开了亲爱的家人，来到了拥有悠久音乐传统的奥地利，成了他人口中的“小留学生”。一个海岛的女儿，第一次踏上了这个不环海的内陆国，绵延的阿尔卑斯山脉从西南到东北跨越了这个国家。

原来“悠闲”是一种人生态度

我对奥地利这个国家的第一印象就是：缓慢。

人们说话速度缓慢，车子行动的速度缓慢，连巷口躺在树下乘凉的猫、窗口飞来飞去的苍蝇蚊子，都是慢吞吞的。

我在盛夏踏上奥地利这个国家，街道上人烟稀少。从人挤人的台

湾到这样冷冷清清的街道，着实让我很不习惯。直到多年后我才知道，这就是标准的奥地利夏日场景。内陆国人民对海洋有着无法自拔的向往，所以只要天气一热，能跑去国外海边度假的人都跑了，不然就是跑到高山避暑。还有，奥地利人不称自己“缓慢”，他们会扬起神秘的微笑，说：“这是‘悠闲’（Gemütlichkeit）。”

那一抹神秘的微笑中，还会带着些许的骄傲。

我刚到奥地利的那个年代，网络还只有计算机专家才懂得使用，手机只在电影中才看得到，国际电话费论秒计算，跟家人报平安的方式就是写信。我没几天就去书报摊报到——买邮票。记得书报摊老板总坐在柜台后面看报纸，我用非常生硬的德语，说要买多少面额的邮票，老板慢慢把报纸放下，慢慢拉开抽屉，拿出一本邮票簿，慢慢找到正确面额的邮票，慢慢撕下邮票，慢慢放进小小的半透明纸袋，慢慢交给我，慢慢把价钱打入收银机。

有一次，他实在是慢得令我受不了，我拿到纸袋就迅速抽出邮票，直接伸出舌头用口水舔了下邮票，唰唰两下就随手把邮票贴在信封上了。一抬头，正好对上老板严厉的眼神。

隔几天再去书报摊报到时，老板放下报纸，慢慢重复了“邮票仪式”后，伸手示意我把信封给他。他慢慢地从抽屉里拿出一个小磅秤，慢慢地把信封放上去，确认了信封没有超重，接着慢慢地从另一个抽屉里拿出海绵垫，慢慢地用浇花的喷水器把海绵喷湿，慢慢地把邮票放到海绵垫上，慢慢地沾湿邮票。将邮票对好角度，慢慢地贴在信封上，好整以暇地把信封递还给我，然后优哉地将视线转回到他的报纸上。

“悠闲”不代表你没有竞争力

走在这个处处散发自在悠闲气息的国家，你很难想象，她曾经是全欧洲数一数二的剽悍国家。

哈布斯堡（Habsburg）家族曾经在奥地利建立起一个傲人的王朝，奥地利人称之为“奥地利帝国”（Österreichische Monarchie）、“多瑙河帝国”（Donaumonarchie）或是“KK帝国”（k. und k. Monarchie）。奥地利皇帝同时兼任匈牙利以及其他十来个附属国的国王，所以第一个“K”指的是皇帝（Kaiser），第二个“K”则是指国王（König）。最常见的称呼则是“奥匈帝国”（Österreichisch-Ungarische Monarchie）。

虽然奥匈帝国跟着第一次世界大战的结束黯然没落，但她曾拥有数百年的辉煌灿烂，深深地影响了欧洲各地文化、美术、音乐、建筑等的发展。首都维也纳，在十八世纪以及十九世纪，更是欧洲的音乐重镇，许多大家耳熟能详的作曲家，如莫扎特（Wolfgang A. Mozart）、海顿（Joseph Haydn）、贝多芬（Ludwig van Beethoven）、舒伯特（Franz Schubert）都是在维也纳起家的。

有这样傲人的历史背景加持，奥地利在今日的全球音乐发展中，依旧占有极重要的一席之地。我就是受到这样的背景吸引，才毅然决然到奥地利求学。

“幽默”不忘“自嘲”的国家宗旨

到奥地利求学之前，亲朋好友都问我：“奥地利说什么语言啊？奥地利在澳洲吗？”答案是：“奥地利不在澳洲，而是在欧洲，官方语言是德语。”直到现在，我还是常常被问：“奥地利在德国境内吗？奥地利人就是德国人吗？”答案是：“不，奥地利不在德国，奥地利人也不是德国人。奥地利位于德国的东南边，尽管官方语言相同，但确实是两个不同的国家。”奥地利的英文是“Austria”，导致奥地利人常常被误认为来自国名相似的“澳大利亚”（Australia）。奥地利人面对这样的误会，倒也不会动气，反而会用幽默的态度面对。如果有机会到奥地利旅游，大家可以注意在明信片、马克杯或T恤等纪念品上，常常会看到一个菱形的交通标志，标志中画着一只袋鼠，底下写着：No Kangaroos in Austria.（奥地利没有袋鼠。）

奥地利国名的德文是“Österreich”，这个开头字母“Ö”不好念，发音差不多落在中文的“欸”跟“恶”中间。不知道怎么发音吗？可以将手指伸到喉咙里，身体产生反射动作，排斥这外来的侵入，这时发出的声音就差不多是“Ö”了。因此，也有奥地利人会开玩笑说：“我们的国名开头，好像快吐了的感觉啊！”

“悠闲”不只是人生态度，也包括冷静地面对生活的挑战

在夏天踏上奥地利的我，在寄宿家庭安顿好生活，努力利用暑假时间念德文、上钢琴课，祈祷在秋天开学后，自己能够顺利跟上音乐学院还有中学的课程。

有一句话怎么说来着？“初生牛犊不怕虎。”是的，我就是带着好奇的心情踏入了我的新生活。除了书报摊的老板，日常生活中遇到的奥地利人都极有耐心，陪着我比画。这个我连国名“Österreich”都念不出来的国家，就在这股专属的悠闲氛围中，温柔地张开她的双手，把这个十三岁的台湾女孩，轻轻地纳入了她的怀抱，安抚了游子离家的不安，以及初到新地的紧张。

过了多年，我才逐渐体会到，奥地利人那种自在悠闲的人生态度，

让他们在面对人、事、物时，能够自然而然地保持冷静，也能清醒地面对生活中的挑战。而他们那种自嘲的能力，让他们能够在面对打击或是感到无奈时，落落大方地一笑置之。

现在的我，在听到来自家乡或是其他国家的友人抱怨“奥地利人怎么老是这么慢条斯理的”时，也会扬起一抹神秘又骄傲的微笑，然后说：“这就是悠闲的奥地利魂啊！”

奥地利
翻转我的人生观

○奥地利人不说自己“缓慢”，而说“悠闲”。

○抱持悠闲的人生态度，让你在面对人、事、物时，自然而然地保持冷静，也能清醒地面对生活中的挑战，享受人生的美好。

○“幽默”与“自嘲”，让奥地利人能够心平气和地面对打击或无奈，落落大方地一笑置之。

考试就是要“正确”答案！

我们这么想

VS

他们这么说

没有用自己的方式来回答，怎么知道你懂了多少？

用自己的话说

一九九二年的秋天，我以旁听生的身份进入奥地利中学。这是一所天主教学校，也是当时奥地利硕果仅存的女校。

这所学校由St. Ursula，中文叫作“圣吴苏乐女修会”的教会所办，名字听起来或许陌生，但是这个教会在台湾办学的历史可悠久了，就是今日高雄的“文藻外语大学”的创校教会。

中学的名字叫作Ursulinen，发音“乌苏里嫩”，好似少女漫画里的仙境地名啊！在这里，什么都跟中国学校不一样：没有制服、学校里没有教官、没有训导主任，也没有朝会、升降旗典礼。课本非常鲜艳，虽然还看不太懂，但光是翻阅，就觉得内容生动，想一课接一课读下去。

奥地利的作业簿尺寸、厚度、纸质也跟我们的不一样，连格式都是五花八门的：A4、A5、空白、细横条、粗横条、方格、直式、横式、打洞的、没打洞的……大家上学带的笔更是五花八门，不同颜色及粗细的油性笔、水性笔、彩色铅笔、钢笔、圆珠笔、蜡笔，大家的铅笔盒大得跟便当盒一样，装三四十支笔也不稀奇。

但是，除了课本及文具不同，最让我大开眼界的，却是奥地利的

"口试"制度!

"死背"是老师最不希望看见的答案

话说，学校为了提高外国学生的语言能力，要我放学后留校上额外的德文课。几个月后，学校看我的德文程度渐渐足以应对课业，决定让我开始跟着随堂考，而奥地利的随堂考多半是口试，单堂科目一个人差不多要考5～10分钟。

我的口试初体验发生在历史课，我们的历史老师年轻、有活力，又非常温柔。为了我的第一场口试，她特别挑选了课本中一段极短的内容，外加一张讲义作为考试范围。我心里暗自发誓，一定要让这么照顾我的历史老师刮目相看。而且，我看过其他同学上台口试，感觉似乎不是很难，我相信，只要把所有内容背熟，就不会有太大的问题了。

轮到我上台考口试时，我才猛然发现：其他同学在台上考口试好像很轻松，因为他们很习惯这样的考试方式。但是，我从未有被全班同学盯着考试的经验，真的是心脏怦怦跳个不停啊。幸好老师问的问题很容易，虽然很紧张，但我还是一字不漏地把课文复诵了出来，心里暗自松了口气。

然而，我在历史老师脸上看到的却不是期待中的赞赏表情。她用讶异的眼神盯着我，让我既纳闷又不安，心想："该不会哪里背错了吧？"这时，老师带着些许严肃的口吻问我："为什么你的回答跟课本完全一样？"我丈二和尚摸不着头脑，心想："呃……考试不就是要考课本的内容吗？不然要考什么？"

老师看我似乎不理解她想要表达的意思，便用鼓励的语气解释："你把课文全都背出来，表示你花了很多时间仔细读了这些内容。只是，你的回答完全是课本里面的句子，所以老师不能确定你是不是真的理解内容，你能试试看用自己的话回答吗？”

我哑口无言。我那么认真地把课本内容背出来，还自豪完全没有背错，老师的反应竟是困扰且担心？

这个经验，成了我走上新的学习之路的起点。

用自己的话说，老师才能真正了解你懂了多少

当学校生活渐渐上了轨道后，我发现其他科目的老师也会要求我们：“Sag's mit deinen eigenen Worten.”（用自己的话说。）笔试时还可以慢慢想，口试就必须马上反应，这让我觉得很吃力。同学也会陪我模拟口试状况，推敲老师可能会怎么问问题。我也开始改变念书的方式：思考课文的含义，大声把内容念出来，尤其是一些拗口的专有名词。〔唯恐在口试的时候咬螺丝（形容口齿不清、说话不流畅）啊！〕想想，中文“念书”一词是多么贴切，书真的是要“念”出来啊！

照本宣科其实一点都不难，花时间背就对了。但是，当你必须用自己的话说明的时候，很快就会发现，如果没有真正理解内容，根本就做不到。

升上高中后，新的导师（教历史与地理）非常不喜欢学生死背答案。有一次轮到我口试，我过于紧张，支支吾吾的，说不出几句完整的话。台下有同学偷偷要给我提示，还被老师狠狠瞪了一眼。我一急，眼泪就吧嗒吧嗒掉下来。在同学面前哭出来，我觉得非常难堪，不过丢脸几次，脸皮自然就变厚了。

用自己的话说，也是为了提升学生的勇气还有表达能力

那么，怎么样才是用自己的话说呢？打个比方吧，课本里写着：“法国革命爆发前的几年，粮食多次歉收造成了物价上涨，进而导致贫穷的人民无法购买基本民生物资，各个城市都可以看到饥荒或是抢劫掠取的现象。”

老师在考试的时候，可能会问：“法国革命爆发前几年有什么社会现象？又是什么原因造成了这样的社会现象？”你可以这么回答：“农村里多次收成不好，所以农作物变贵了。连带的，一般人天天所需要的用品变贵了，贫穷的人什么也买不起。所以很多人饿死，或为了生存去抢劫、夺取别人的物资。”

没多久我就发现，这样的考试方式其实有一个非常正面的“副作用”，就是提高学生的语言组织能力。我观察擅长口试的同学，发现考试时，他们都非常专心听老师如何提问，思考如何有条理地回应，根本没空紧张！如果听不懂老师的问题，就大方回问老师：“可以请您换个方式再说一次吗？”

这样日积月累的训练，让我们逐渐有勇气用自己的方式去回答问题。我们的表达和沟通能力，就是这样一点一滴不经意地被提升了。

奥地利
翻转我的人生观

○用你自己的话说，而不是一字不漏地背下答案，老师才能真正了解你懂了多少。

○"用自己的话说"不仅训练了学生的反应与思考能力，同时也提高了学生的语言组织能力。

我们这么想

古诗一开始不懂没关系，背起来慢慢体会，考试可以检验掌握的情况！

VS

他们这么说

每个人的看法与背景不同，对诗词的理解也不同，重要的不是给学生标准答案，而是让学生找到属于自己的答案。

许多问题没有标准答案，但你可以有自己的答案

“许多问题是开放式的，没有标准答案！”想必是大家朗朗上口的一句话，但是真的要完美地落实在学校教育中却有其难度，毕竟个别老师总是努力想要把所谓的“正确答案”教给下一代。

奥地利的教育系统也面对着相同的挑战，而我遇到的多位奥地利老师，把“寻找属于个人的答案”看得比“该给什么答案”更重要！

揣测文章的含义，比背诵更重要

我的高中德文老师非常在乎学生的“个体性”。我们读了大量的诗集，她不要求我们背诗，而是严格要求我们去思考诗中所深埋的意义。这是奥地利高中课程中十分重要的一环，叫作“Gedichtinterpretation”，意为“诗词诠释”。

首先，我们练习分析诗的结构，剥洋葱似的一层一层往里面看：解析韵脚、格律、节奏、节拍、抑扬顿挫等。（考试时，就会看到全班同学边摇

头晃脑、喃喃自语，一边用手指头敲打桌面算节拍的有趣画面。）

其次，看作者运用了什么写作技巧：有隐喻吗？（“她吓到从云上摔下”，形容受到很大的惊吓，而不是真的从云上摔下来）有拟人法吗？（“云在天空跑得喘吁吁”）诗里运用的是第一人称（“我站在那千千万万次”），还是第三人称（“他听到自己的心敲打着”）？

分析结构中的特征后，再看看作者的生平：属于哪个时代？当时社会背景又是如何的，给作者带来了什么样的影响？他在写这首诗的时候，处于什么样的人生阶段？

我们读遍了德语系国家（德国、奥地利、瑞士）各大文豪的诗集。情窦初开的孩子，面对忧心忧国的文人所留下的诗词，难免兴趣缺缺（即“缺乏”）。因此，德文课本也贴心地供上不少浪漫的情诗，老师甚至还找流行乐的歌词给我们读，理直气壮地宣称这是现代诗。我们有时也会因老师的解释而面红耳赤：原来古时候的诗人无法太明目张胆地描述露骨的情节，便会使用许多隐喻。

德国大文豪歌德（Johann Wolfgang von Goethe）有一首诗叫作《野玫瑰》（*Heidenröslein*）。这首诗是这样开始的：“男孩看见野玫瑰，荒地上的玫瑰。”这里的玫瑰就是一个拟人法，指的是一名年轻女子。原来，歌德写这首诗时才二十出头，而且才刚刚被甩不久，借由这首诗来疏解情绪。

奥地利作曲家舒伯特非常崇拜歌德，将这首诗写成一首声乐曲，旋律优美。诗陆续被翻译成不同语言版本，甚至也有中文版，到今日依旧脍炙人口，这首歌曲也经过改编，成为电影《海角七号》的主题曲。

学生需要的不是背诵，而是看见文字下深埋的广阔含义

读一首诗，跟事情有没有标准答案有什么关系呢?

有的！把诗的结构仔细梳理过，我们继续挖掘这首诗的深层意境：作者在隐喻什么？想要表达什么？诗中出现的月亮、湖泊、夜莺，是在影射什么？这首诗是否能够引起我们的共鸣?

德文月考时，老师会发好几首风格浑然不同的诗，每个人自己选一首分析，不考其他的东西，只写长长一篇文章来分析及解读这首诗。

到了高年级，一堂德文月考通常会长达3～4个小时，写诗词诠释其实很耗脑力，没有灵感、没有体力时，还可以走出教室吃个点心、喝个饮料，再回教室继续奋斗。

分析结构的特征是客观的（文体、修辞法、韵脚、节奏等），所以老师会以一个正确答案范围来为你写下的内容评分。但在解读诠释方面，完全没有标准答案，也没有选择题让你勾选“下列叙述何者为正确答案”。

一起来看看歌德的《野玫瑰》，这首诗普遍流通的中文翻译为德语文学研究者周学普老师的译本，其全文如下：

男孩看见野玫瑰，荒地上的野玫瑰，
清早盛开真鲜美，急忙跑去近前看，
愈看愈觉欢喜，玫瑰、玫瑰、红玫瑰，
荒地上的玫瑰。

男孩说我要采你，荒地上的野玫瑰，
玫瑰说我要刺你，使你常会想起我，
不敢轻举妄为，玫瑰、玫瑰、红玫瑰，

荒地上的玫瑰。

男孩终于来折她，荒地上的野玫瑰，
玫瑰刺他也不管，玫瑰叫着也不理，
只好由他折取，玫瑰、玫瑰、红玫瑰，
荒地上的玫瑰。

这首诗采用大量拟人，全诗没有“我”这个主语，是一首第三人称的诗。诗的内容显然是在叙述男孩与女孩没有结果的爱情。男孩非常主动，女孩如一朵供人观赏的玫瑰，她若即若离，又娇纵蛮横。

为什么不断重复“玫瑰”这个名称呢？我猜测，诗人借此来制造一种急促的节奏感，正好呼应男孩急切呼喊玫瑰的模样。

我觉得最后一段男孩折取玫瑰的画面充斥着暴力。德文原意是：“狂野的男孩折断了荒地上的小玫瑰，小玫瑰抵抗并刺着男孩，但毫无效果，唉，只好忍受痛苦。”

在德语文学中，“把花折断”意味着“强行夺取少女的贞操”。突然觉得毛骨悚然，这个男孩根本就是个不折不扣的暴力情人。这不就是现代人所说的“约会暴力”吗？仔细一看中文版本，也能看出男孩霸王硬上弓的情景。

回想我小学时候，这首《野玫瑰》还被纳入课本里面，当时歌词可是唱到倒背如流呢！但没有人教我们，这首歌的结局其实是在描述男性对女性的暴力行为，课本也只是跟我们强调旋律曲调多么优美，男孩多么喜爱玫瑰，简直就是变相美化这首诗的黑暗面啊！

我在奥地利中学读的诗，很多都是拐弯抹角的情诗，不仅有精神上的纯爱，也有赤裸裸的性爱，还有这样强迫女子就范的惊恐场景。不过倒从没听说哪位奥地利家长担忧是否太早让孩子了解情爱，反而是希望青春期的孩子能够好好了解情爱的美好，更重要的是，要了解情爱也有极黑暗的一面。

教育是让学生培养自己的独特思维，而不是单向地给予答案

奥地利不把这堂课程叫作“诗词分析”，而是“诗词诠释”，我觉得是很有智慧的。分析只是列举客观条件，然而，更进一步地去诠释内容，就是为了让学生表达自己的独特想法。正因为切入的角度不同、背景不同、在乎的事物不同，每个人对诗的感受自然不同。

就看《野玫瑰》吧，也有同学觉得最后那句“玫瑰、玫瑰、红玫瑰”，可能是玫瑰对自己的勉励，就算受到凌辱，依旧昂首告诉自己：“我是一朵美丽的红玫瑰。”也有人说，男孩可能是幻想自己强摘了玫瑰，因为这首诗写于“狂飙时期”（十八世纪六十年代晚期至十八世纪八十年代早期，德国文学和音乐创作领域发生极大的变革，也是古典主义与浪漫主义间的过渡时期），此时期的特色就是挣脱道德束缚，男孩或许想要做一些不道德的事情，才有这些幻想。

其实，在学校时，一听到又要上“诗词诠释”，大家都是叫苦连天，也会抱怨：“学这个要干吗啊？”不但要绞尽脑汁思考“我觉得作者想要表达什么”，还要写“我在这首诗中感受到什么”。虽然情诗很美，可是当你诠释了一堆挂在树梢或山顶的月亮，也掰不出来新的感想时，实在很害怕又有月亮出现在诗里！

长大后，我才了解，这堂“诗词诠释”课不仅传承了德语系文化中的文学精华，让学生了解短短几行的诗词能够运载多大的力量，还可

以建立学生观察文字的能力。我们意会到，很多事情不能只看字面意思，还要去思考底下的意义。

原来，奥地利学校想要告诉我们的是：许多问题就是没有标准答案，只要你使用适当的工具，用心去思考，就会找到最适合自己的答案。而老师，也必须把工具交给学生，并且教他们如何使用，让学生找到属于自己的答案。

奥地利
翻转我的人生观

○奥地利通过文学教育建立学生文字观察能力，帮助其寻找最适合自己的答案。

○自己去感受、去探索诗中含义，对诗词做出属于你自己的独特诠释。

○“诗词诠释”课，让学生了解“很多事情不能只看字面意思，还要去思考文字底下的隐含意义”。

犯错就是要处罚，否则孩子不会学乖！

我们这么想

VS

他们这么说

犯错没什么，每个人都会犯错，但是借由犯错，我们可以看见自己仍需改进的地方！

不害怕犯错，才能知道哪里可以改进

体罚只能让孩子害怕犯错，而不能使其真正了解哪里需要改进

我成长在二十世纪八十年代的屏东，当时的生活步调非常舒适。在幼儿园就是天天玩耍，我到现在都还记得：在幼儿园演过哪些戏剧、玩过哪些游戏，可见这些美好的回忆是如何好好地保存在我的脑海中的。

我上小学后，开始面对学校对于孩子的严格要求，孩子犯错时，处理方式很简单，就是“用打的”：少一分打一下手心，也曾被老师要求学狗爬回教室。（长大后回想至此有些毛骨悚然，但是小时候宁可学狗爬也不想被打，只要不会痛就好。）直到小学三年级，我进入音乐班，老师都知道我们的手指头要弹琴，打手心的情况才减少。

说实在的，我以前遇到的老师绝大多数都是尽心尽力的。我也不认为会体罚的老师就不爱学生，那时整个大环境就是在“不打不成器”

的氛围下前进着。当然，现在体罚已被禁止，教育观念已经改变。

几年后，我成为奥地利的中学生，生物课以及心理学课用了很多篇幅让我们认识动物与人类的学习能力。我们也看了许多相关的实验影片，其中一个实验是让天竺鼠走迷宫。

实验中，迷宫里的死胡同被通了电，只要一走错，就会遭受电击刺激。天竺鼠被电到，本能反应是赶紧逃开。于是，天竺鼠靠着这样避开通电胡同的模式，终于找到了出口，出口也有许多的食物奖励它。（算是补偿被电击的安慰奖吗？）

我看着狼吞虎咽的天竺鼠，不知怎么想起小时候的自己——一个坐在教室里，忐忑不安地等着老师把考卷发回来的孩子。我的心中涌起了欲哭的情绪：天竺鼠找到出口的动力，是怕痛；学生得到好成绩的动力，也是怕痛。

犯错没什么，重要的是认真对待自己的错误

我进入奥地利中学时，意外发现这里并没有体罚。考卷发回来，也是几家欢乐几家愁，但是没有任何惩罚仪式。有的老师会跟我们总结考试的结果，讨论试卷中最多人发生错误的部分；有的老师会把这节课当作是订正课，大家就着考卷一一修改自己的错误，有不懂的再拿着考卷去问老师；有的老师会继续课程进度，但会交代大家回家订正考卷。对了，我们不会说“赶进度”，只会说“继续进度”，正是因为奥地利的老师在授课时拥有相当大的自由发挥空间，所以没有必要“赶”。

不仅小考，重要的大考也一定要全部订正完毕，才算考试结束。有时候，订正错误会花费很多时间，需要跟老师来来往往很多次（尤其

是数学考卷),久而久之,就会更“认真对待自己的错误”:自己到底是因为什么原因犯错?是因为准备不够充足?是因为粗心大意?是因为紧张?是因为考试时专心度、持久力不够?

我遇到的德文老师都极为严厉仔细,我的个性不甚细心,写德文文章时错字特别多,每次考完试都要花比别人更多的时间订正考卷。老师要求不只订正错字,而是整句,甚至整段都要重新誊写,也不止一次语重心长地交代我,写完文章一定要反复过目。

受过多年这样的训练,到了今天,就算写中文文章,我也会习惯性地如此要求自己:就算只是在脸书上发发废文,但是,只要发现自己有错别字,一定马上改正。

注重学生的个别学习问题,进而加强调整

高中时,我遇到一位奇特的数学老师,她不仅说着一口流利的日语,还会气功及太极拳。她看到我们懒散的样子就开骂:“你们就是不懂得活动筋骨。血液循环不好,脑子无法吸取足够的氧气,注意力就会减退!”当我们被骂得缩头时,她还会补一枪,“难怪你们数学老是学不好!”数学老师有事没事就会在课堂上要求全班练气功或是体操,咚咚啪啪敲打身体。老师的动作沉稳利落,看她打太极拳是一大享受,而我们练起来,却像一群笨拙的巫师在祈雨。

我的数学成绩向来平平,根据老师的说法,我“不仅粗心,更惨的是缺乏耐心,也不用心”。为了改善我的问题,老师会刻意出一些训练耐性的题目给我。有一次数学口试,我在台上写了满满两面黑板的算式,几乎快抓狂,老师还在旁边好整以暇地说:“慢慢来,我们时间很多。”

学会思考才是学习的重点，答错了也没关系

数学老师在批改考卷时，不仅会确认答案是否正确，还会看整个计算过程。如果计算过程都对，因为某个环节出了差错导致答案错误也不要紧，老师会看是在哪个环节出的错，对的环节还是会给分。如果使用与老师不同的解题方式，老师甚至会毫不吝啬地加分。

有一次数学月考，我的答案几乎全错，但分数却接近满分，老师还在考卷上注明“特殊加分”。拿回考卷时，我觉得超诡异的，赶紧去问老师。老师笑着问我：“你是不是很纳闷明明答案错了，却还是拿到了分数？”我点点头。

数学老师又问我：“你先回答我一个问题，你是不是觉得这次考题都很难，想了很久？”我又点点头。

老师笑得更灿烂了：“我也是这么猜的。我第一次看到有人答题这么有创意，你完全不用课堂上的公式，而是自己找到方法解题，老师太高兴了，所以给你大大加分！”

听到老师的赞美，真的是让我受宠若惊。

老师一本正经地对我说：“学数学就是要思考，我看到你认真思考这些题目，很为你高兴。你是因为粗心大意才算错的，以后要更加细心，知道吗？”我用力地点了点头。老师也满意地对我眨了眨眼说：“对了，我把你的解题方式影印下来了！收藏起来做纪念！”

理性面对自己的错误，同时寻找解决的方法

如果说，这样的教育方式会让孩子从此不再害怕犯错也太一厢情愿了。担忧犯错乃人之常情，奥地利的学生也会担心没考好回家被碎

碎念。

但是，透过正面的态度来面对错误，至少，在发生错误的时候可以比较理性地看待，挫折感也不会那么重。因为，你的专注力是放在：为什么犯错？在哪里犯错？你得对症下药解决它。这样，才能够了解自己哪里不足还能改进。

跌倒也没有关系，站起来后，先给自己一点呼呼，思考并了解为什么跌倒，拍拍灰尘，继续往下走。

然后，一步一步，都会走得更稳。

奥地利
翻转我的人生观

○体罚只会让学生“害怕犯错”，比起体罚，更重要的是陪孩子找到自己的错误根源，并且解决它。

○奥地利数学教育给我的启示：学会思考，比纠结于“答案正确与否”更为重要。

○学会找出犯错的原因，找到答案，再一步一步地修正自己的错误。

书读得好、试考得好，才能上好的大学，这才是高中生该考虑的事情。

我们这么想

VS

他们这么说

让学生学会同理心、找到自己的人生方向，这才是高中时期最重要的事情。

透过心理学思考人性，进而培养同理心

奥地利高中的最后两年，有一堂让我至今难忘的课，叫作“心理学与哲学”（Psychologie und Philosophie，简称PUP），中学七年级（相当于我们的高二）一周有两堂心理学，中学八年级（相当于我们的高三）一周有两堂哲学。

“心理学与哲学”是我高中时期最喜欢的科目，主要是因为遇到了一位非常有个性的老师，她的特色是几乎不用课本，且授课精彩、赏罚分明，学生对她都又爱又怕。

而奥地利教育部对“心理学”这堂课的定义是：“让学生探讨人生的基本问题，并从中得到一些人生方向的指引。”

心理学不是高深的学问，而是用来了解周遭人的行为举止的

为什么心理学会被纳入奥地利高中课程呢？因为心理学在奥地利有着极悠久的历史，像著名的心理学家、精神分析学家弗洛伊德

（Sigmund Freud）就是奥地利人。奥地利教育部也说明了这门课程的必要性："借由探讨人的行为，尝试了解自己还有周遭亲友的举止，进而培养学子的同理心。"

课程内容包含了各式理论基础、人类如何处理感官资讯、人类的记忆，以及人类的学习模式（这方面会与生物老师配合，生物课也会学人脑的基础结构）、人格发展、沟通能力、表意能力、各种情绪的产生以及人类如何面对各种负面情绪等。教育部给予授课老师非常大的自由，老师也可以因应各个班级的不同需求，改变课程重心。

心理学老师知道我除了上中学外，还在大学里面修钢琴，就推荐给我很多音乐心理学的书籍，而这些书在我们中学的图书馆都有馆藏！我兴奋极了，下课就泡在图书室里面拼命翻阅，都不想回家了。

为了让学生了解心理学不只是枯燥的理论，心理学老师也会运用生动的解说，甚至还教我们如何使用心理学小撇步（即"技巧"）试探自己喜欢的男生呢！

日常生活中的每一个动作，都可以用心理学来解读

那时候，我们正在上心理学中的"人际距离学"，也就是人与人之间的距离或不让他人侵入的领域。这个距离会随着个性、国家民情而有所不同，当时的研究是说，人与人的距离从三十五厘米到一米间不等，但是在面对喜欢的人时，范围会缩小，只有在最亲密的人身边，我们才会完全撤下这个保护范围。

举一个很有意思的例子。要怎么运用这个心理学知识来测试喜欢的男生呢？首先，必须先制造跟白马王子面对面坐在咖啡厅的机会（"不要问我怎么把他拐到咖啡厅，这就是你们要自己努力的部分！"

老师这么说）；其次，不动声色地把桌上的烟灰缸、糖罐、花瓶、自己的饮料一一推往对方那边，如果对方开始坐立不安，就表示他下意识察觉自己的领域被侵犯了；最后，当桌上的东西都推向他之后，就借故去一下洗手间，回来的时候看看这些物品是否都被推回来了。

另一个更直接测试你在白马王子心中地位的方式：说话时，身体倾向对方，不是整个人往他身上贴过去，而是一点一滴地侵入他的领域。如果对方没有动静，就是好事；如果他立即闪开，你可要多多加油，或是寻找下一位白马王子啦。

不过心理学老师也跟我们坦承，她也有被反将一军的经历呢！老师曾跟另一位女心理学家一同去参加医学研讨会。晚宴上，她们决定捉弄一位看起来没什么经验的年轻与会者，她们一左一右地围住他，跟他闲话家常，每隔几分钟便往前踏几乎无法察觉的距离。不出所料，这位文质彬彬的男士不断往后退。

这两位心理学家玩心大起，继续不断侵入对方的保护领域。最后，这位男士被逼到了墙角，叹了一口气说："两位女士，你们玩够了吧！"

他顿了顿，说："我也是个心理学家。"

心理学，让我更深入地了解自己的优缺点，展现个人特质

心理学的课纲就是"培养学生的沟通能力、学习用适当的词汇表达情感，并且使用自己的言论自由权"。我们透过不同的心理学理论了解自己的个性，学校也会帮我们安排校外课程，如练习如何避免使用言语暴力，也有密集的"演辩训练"。短程目标是加强学生上台发言的自信；中程目标是培养学生在毕业口试时，能够从容不迫、侃侃而谈；远程目标是给学生一些养分，让我们走出社会后能够无畏地展现个人

特质。

在“即兴演讲训练”时，每个人抽一个题目后直接上台对同学演讲。指导员会把过程全都录下来，事后再一起观看及讨论。我抽到的题目是“偏见”，自己上台乱掰的内容记不得了，但是深刻记得事后看影片时觉得好窘好丢脸（不过大家心情都差不多啦，就比较释怀了）。每个人的优缺点都不同，指导员会依照每个人的状况温柔地分析，并做出适当的批评与建议。像我的优点是说话时会微笑，也会看观众；缺点是说话速度太快、咬字不清楚、手部动作太多。

辩论心理学，看见人性的黑暗面

有一个“辩论练习”令我印象深刻：两人一组，互为竞争对手，我们必须对观众推销自己的产品。我抽到的对手是班上的才女，心中暗自叫苦。果然，她一开口就很有说服力，出手火力强劲，把我的“产品”批评得一文不值，我根本就不是她的对手，与其一直思考要如何反驳她，还不如听她说吧！一阵口沫横飞之后，在对手喘气的片刻，我对听众说：“一个靠把别人批评得一文不值来展现自己的人，你们真的会想买她的产品吗？”这位同学当场哑口无言，而我赢了观众的支持。

后来，我们在看影片分析时，惊讶地发现：原来这是一场显露人性黑暗面的游戏。为了要吸引观众的注意，我们会越来越大声，不停打断对方，甚至毫不自觉地向对手做出猛烈的人身攻击。

我们恍然大悟：原来，人有多么容易被一时的情感冲昏头，又有多么容易被煽动，说出一些自己不会说也不想说出口的难听字眼。指导员说：就算口才没有对手好，也不必灰心，只要抓到时机，依旧可以理直气壮地表达意见。

心理学课，在学生的心中播下“同理心”的种子

在参加这些心理学课的演辩训练之前，因为要全程录影，大家都是万分的不情愿。要知道，我是在一九九七年念中学七年级的，那是一个没有智能手机的年代，照相、录影都不像现在如此普遍，大家一听到要录影，就想躲。结果，收看成果影片时才发现没有那么可怕嘛！我们清清楚楚地看到自己一些可笑的动作还有表情，觉得好不可思议，怎么自己从未发现这些事情呢？大家纷纷口径一致地对校方表示获益良多，我当时也在日记里用极满足的语气写着：“学校好体贴，参加这些活动得到的帮助好大，有种好幸福的感觉。我想，人在面对自己时，都很难发现自己的缺点吧？唯有跳开‘我’这个圈圈，用更客观的态度去观察自己，才能看到自己的优缺点。这样子，说不定就不会太主观，也比较能够接受别人的意见，辩不赢别人也不代表你比较差，重要的是不要在言语上伤害别人。”

心理学课在我的心中播下了珍贵的种子，发芽后又深深扎根下去，影响后来我与人相处的态度。如果问我在心理学课上最大的体会是什么，那就是“同理心”的重要性：“言论自由”不是高兴说什么就说什么，而是你有选择“不用言论伤害别人”的自由。

奥地利
翻转我的人生观

○奥地利中学的“心理学”课程，是为了让学生更深入地了解自己的个性与性格，进而展现个人特质。

○辩论练习，不是为了获得言语上的胜利，而是从中培养学生上台发言的自信。

○学校教导学生的不仅仅是课本上的知识，还有同理心，更重要的是，什么才是真正的言论自由。

我们这么想

哲学这么艰深，高中生能听得懂吗？

VS

他们这么说

哲学，就是培养孩子最重要的思考逻辑。

哲学就是最完整的逻辑思考训练

上一篇介绍了“心理学与哲学”中的“心理学”，这一篇我要来谈谈另一半课程：哲学。

你或许会纳闷：“这不是不同领域吗？为什么会放在同一课程里面呢？”其实，心理学与哲学环环相扣，简单说来，如果心理学问的是：“我为什么是这样子？”那么哲学就是在问：“世界为什么是这样子？”

从小问的“为什么”，就是哲学的起点

在奥地利教育系统中，哲学一直是显学，具有举足轻重的地位。早在十九世纪时，哲学就被奥地利列为中学生的必修课程了，那时候的教材也早已融入了心理学研究的相关知识。

哲学在今日的奥地利教育系统中依旧有很高的地位。学校的各个科目中也都包含哲学思考的元素，因为，“哲学思考”是所有科学研究都得具备的重要态度。我也非常认同这个观念。

通过多年的学校教育，学生已经具备了足够的表达能力，一门专属的哲学课由此产生，等着学生来发表自己的想法。哲学课的课纲落落长（意为“很长”），但是，其中最重要的是：

为什么哲学与人类科学发展有关联性？

人类用什么方式去感受世界？

为什么有伦理与规范的产生？

政治与哲学是否息息相关？

我们为什么感到幸福？（甚至有学校把“幸福”列为一门独立的课程呢！）

这是一门充满问号，也充满魅力的课程。我们学习古希腊、古罗马哲学家，还有举足轻重的欧洲哲学家。我们发现，原来这些哲学家不是我们想象中的文青，整天风花雪月。他们投入非常多的精力去观察、思考，反复查证、批判眼前看到或看不到的现象。

而身为哲学家最重要的条件是什么？就是好奇心：对不懂的事情感到疑惑、对新奇的事物感到惊喜。觉得这些条件很难吗？回想一下自己的童年吧！哲学家思考的原动力，就是我们小时候最常问大人的那句话：“为什么？”

用哲学训练学生“学习的根本”——深度思考与讨论的能力

德文的“Philosophie”（哲学）一词，与绝大多数的欧洲语言一样，都来自古希腊文，词根意义充满了动人的美感：“对智慧的喜爱。”“Philo”意为“喜爱”；“Sophie”则是“智慧”，也是大家耳熟能详的女孩名（中文翻译为“索菲”），我觉得跟中文的“美慧”也挺有异曲同工之妙呢！

德文还有“哲学”（Philosophieren）的动词，词典解释为“深度思考并讨论”，因此，想要好好思考并讨论某件事的时候，德文直译就叫作：“让我们一起来哲学这件事吧！”我很喜欢这个动词，德语文化就是如此重视思考以及讨论，甚至还会创造专属的动词来使用。

不时听到有人出国去念“Ph.D.”，你知道这个缩写代表什么意思吗？就是Doctor of Philosophy，意为“哲学博士”。出国明明念的是“理工”，拿到的却是“哲学博士”？其实，这个头衔是有传统依据的，因为不论是文科或是理科，“哲学思考”都是研究学问的必备条件。

心理学与哲学老师也很直率地告诉我们：“在哲学思考中，问题比答案更重要，没有任何一套理论是完全正确，或是完全错误的。一开始接触哲学的时候，你可能会感到不安，因为你可能要开始去思考‘从来没有想过，也觉得没有必要去想的东西’。”

但是，“这些不安感，”老师这么说，“都会成为你脑袋里新的养分。”

哲学，即培养学生日常生活中的逻辑思考能力

许多哲学理论都建构在不同的逻辑系统之上，说穿了，哲学课就是在训练你的思考能力，进而训练你的逻辑性。我们从古希腊的哲学家亚里士多德（Aristotle，古希腊哲学家柏拉图的学生、亚历山大大帝的老师）念起，他的哲学研究可以说是涵盖语言发展、伦理、美学、物理科学、政治，甚至还有玄学。

我就是因为读了亚里士多德的“三段论”（Syllogismus）概念，而喜欢上哲学的。“三段论”是一种推论法：一个命题（“结论”）必然能从另外两个命题（“假设”）中得出。用数学逻辑方式来看，就是：

假设A=B；假设C=A；那么结论就是C=B。

假设人（A）都会死（B）；假设所有希腊人（C）都是人（A）；那么结论就是所有希腊人（C）都会死（B）。

我第一次看到这个逻辑概念的时候，当下的反应是："这不是废话嘛！"经过老师的解释后，才恍然大悟。其实三段式推论是一个逻辑基础，可以套用在许多不同情况中，也可以逆向检查自己以及他人的结论是否合理。有句话说："生活中的每一件事都能成为哲学思考。"的确有道理！

一直到今天，三段式逻辑在我们的生活中依旧处处可见。好比减肥产品广告通常会灌输我们："使用这个产品的人都会变瘦！"在三段式推论里，这就是一个"结论"。

现在，我们来套用这个"A=B；C=A；那么C=B"的公式试试吧。

A是"人"；B是"都会变瘦"；C是"使用本产品的人"。我们逆向推回来看看：

C（结论）：使用这个产品的人都会变瘦。

B（明确的假设）：使用这个产品的都是人。

A（简单的假设）：人都会变瘦。

想必，你也发现这逻辑不太对劲。但扪心自问，我们是否也曾不小心掉入这样的广告陷阱还浑然不知呢？〔我就不知道多少次关掉了逻辑思考，买了贵松松（意为"很贵"），而且毫无效果的减肥产品啊！〕

只要多多训练自己的逻辑思考，那么当我们在面对这个信息爆炸的世界时，就更能够去判断自己接触到的信息是否合理。

哲学思考，为了让我们有更足够的养分去面对世界的挑战

从十八世纪德国哲学家伊曼努尔·康德（Immanuel Kant）提出的几个核心问题，我们也能够更了解哲学这门学问到底在做什么：

问题1　我该怎么做？

当你做抉择的时候，你会如此自问。这个时候的思考，就是实用性哲学。

问题2　我可以相信什么？

这里的相信指的是信仰以及知识，有时候它们相辅相成，有时却是相悖的。

问题3　我能够知道什么？

在问这个问题以前，我们先自问："什么是知识？什么是事实？什么是真理？"

早在两千四百年前，希腊哲学家柏拉图（Plato）就用了《洞穴寓言》的故事来思考这些哲学核心问题。故事的主角为几个囚犯，他们被铁链锁住双脚双手，关在洞穴中无法动弹，也无法转头，只能直视前方。囚犯们就着身后的一团火看到了投映在眼前墙壁上的阴影。久而久之，这些囚犯理所当然地认为：这些阴影所呈现的样貌，是世界的面貌，是唯一的真理。

有一天，一个囚犯得以逃出地底洞穴，看到了从未看过、也不知其存在的阳光。他第一次听到小鸟的叫声、第一次看到波光粼粼、第一次呼吸到新鲜的空气，这时候，他还能够相信当初在地底洞穴里面的所见所闻吗？

"我能够知道什么？"背后更深的含义是："我能相信自己的认知

吗？”我们是否在生活中也被不同层面的铁链锁住？是否也直直地看着某个特定方向，而不用其他的角度观察呢？是否也把别人灌输给我们的意见当作理所当然，而不去也不愿思考呢？是否也盲目追求着墙上虚幻的阴影而浑然不知呢？我们是否愿意追求没见过的事物呢？

我很喜欢“出口外别有洞天”这个意境。对于有勇气和有胆量的人，总是会有个出口在那里等着他踏出去的。我也相信，他回到洞穴后，也终究会有同伴愿意跟他手牵手踏出去一起享受灿烂的阳光。

用心理学与哲学培养孩子的人格

“哲学课”的目标并不是背诵一些听起来很霸气的名言锦句（比如法国哲学家笛卡儿提出，且人人朗朗上口的“我思故我在”），而是透过哲学家的理论而得到不同的角度去思考自我以及人类存在的意义。不过，学校只粗略地点到东方哲学思想，是我觉得课程美中不足的地方。或许，是因为奥地利位于欧洲，所以是以欧洲本位角度出发吧！

我觉得“心理学与哲学”这堂课，就是货真价实的“人格养成”课。奥地利中学课纲中强调：在全人教育的路上，这个科目就是要负起“陪伴学子培养观察力、自省能力、自信心以及批判力”的责任。

“陪伴”这个用词，实在令我拍案叫绝。好的心理学与哲学课程，就应该是陪伴孩子走一段思考的路，在这条路上播种，并反复灌溉。这些种子发芽、长大，成为一棵棵的大树，成为支撑自己的力量。

人生的路上，难免会有疲惫的时候，这时，我们就应该在树荫下喘口气，好好思考自己的人生。

奥地利
翻转我的人生观

○对不懂的事情感到疑惑，对新奇的事物感到惊奇，这就是奥地利哲学课给予学生的学习宝藏。

○论证与思考，不仅仅运用在知识的学习上，也是生活中不可缺少的能力。

○对奥地利教育来说，哲学与心理学能培养孩子思考、观察、自省、自我对话的能力。

“子不语怪力乱神”，
宗教不该进入校园内。

我们这么想

VS

他们这么说

用更中立的方式让学生面对宗教，期许学子在出校园后，不会迷失在其中。

让青春期孩子用更适当的方式面对宗教

我所进入的奥地利中学，是一所从幼儿园到中学高年级（高中）的罗马天主教学校。在课表上看到“宗教课”的时候，我并没有太讶异，既然学校是教会所办，那么学校教天主教的历史传统，我觉得也蛮合理的。

虽然不是天主教徒，但是我很喜欢上宗教课。我的第一位宗教课老师温和又幽默，总是带着吉他跟我们一起唱励志歌曲，上课内容不外乎天主教教义及历史演变、宗教庆典的由来。除此之外，我们也会随着天主教的节庆做各式装饰品，考试题目也都是简单的宗教常识，气氛相当轻松。

宗教课并非推销宗教信仰，而是让孩子了解不同信仰的管道

为了避免宗教课变相成为测验学生虔诚度的工具，奥地利课纲中也明确规定，这堂课的评分标准绝对不可包含：学生个人是否虔诚、是

否加入了社区教会、是否认同宗教条例、是否定期参加宗教仪式。

认识了非天主教学校的朋友后，我才知道：原来，就算你上的不是教会学校，宗教课也是奥地利中学的必修课（通常一周两堂）。如果你有其他的宗教信仰，也可以选择其他教派的宗教课，比如说伊斯兰教、基督新教、基督东正教、伊斯兰阿列维教派（Alevi，伊斯兰独立教派，由什叶派分化而来）、自由基督教会等，甚至还有佛教的宗教课呢！除此之外，如果你没有任何宗教信仰，也可以自由选择想要参加的宗教课。

升上中学高年级时，校长还特别把我叫到校长室，问我要不要选择其他信仰的宗教课，因为她知道我并不是天主教徒，所以想给我选择的机会。当时的我，单纯不想跟班上同学分开，所以还是选了罗马天主教的宗教课。

让我们学会敞开自己的心，找到适应这个世界的方式

学校有必要为学生提供宗教课吗？

宗教课会不会变成信仰狂热的老师灌输偏激教义的工具？

许多奥地利家长也会有这样的疑虑，教育界与各个政党到今天依旧争论不休。反对宗教踏入校园的声浪表示："想要了解天主教，周末时，教堂也都有礼拜，不需要在学校上宗教课。"听起来颇有道理，但是，宗教课的核心并不是要"推销"天主教有多好。奥地利教育部课纲也明确表示：宗教课除了让学生更了解自己的宗教信仰、探讨个人的宗教归属感，学生也必须了解其他宗教信仰的基本核心教义，进而培养自我对宗教信仰的看法。

在欧洲历史上，罗马天主教教会常常扮演着文化、艺术、科学领域

发展上的推手。宗教与欧洲历史发展可以说是环环相扣，奥地利自然也受到天主教很大的影响。透过宗教课，学生可以更了解天主教国家流传下来的许多价值观以及生活传统。从这个角度来看，宗教课确实有其必要性。

如果家长不愿意让孩子上宗教课，可以签名让孩子退出该课程，直到满十四岁后，奥地利政府认定“拥有宗教自主权”时，孩子可以自己决定是否要重新上宗教课。

我们也曾希望学校取消宗教课，但导师直接泼我们冷水，说：“我们是一所历史悠久的天主教女校，如果不想要有任何宗教元素的话，就应该去念公立学校。”然而，当我们跟学校反映“有些公立学校已将宗教课改成了较中立的‘伦理课’，让我们很羡慕。我们不是不喜欢宗教课，而是希望可以多学一些伦理方面的知识”时，学校居然接受了我们的意见！

我在高中时期最喜欢的宗教老师，那时才刚从大学毕业，我们是她带的第一个班级，她充满活力又细心。我们因课业压力而烦躁不安，对人生感到彷徨时，好几次跟着她到山上过了好几天的“内省日”（Einkehrtage）——与世隔绝、不念书、静静待在森林里面散步、全班一起打扫煮饭，或在山中小屋讨论“是否有神的存在”。

到现在，我都还记得瘦小的宗教课老师背着吉他，专心轻声唱歌的模样；也记得全班同学在厨房互丢意大利面、嬉闹着，或是在谈心时流泪拥抱的情景；还记得，每次内省日结束，心灵都像被熨斗烫过一样平坦顺畅。

长大后，有应付不来的工作以及生活的压力时，我也会跑到森林里去，半天、一天也好，给自己一点内省的时间，来熨平自己的心。

没有用当地人的方式来理解，就无法真正了解不同的文化

课本介绍到世界宗教时，也谈到了佛教。那是我第一次念到德文的“业力”（Karma）一词。这是德文直接用梵语音译而来的外来语，用来表示因果报应。

当课本提到各大宗教对于“痛苦”的诠释时，我那二十世纪九十年代末期的课本，大约是这样解释佛教对于痛苦的定义：

“苦痛由因果报应产生。印度的宗教传统（佛教以及印度教等）中，认为好人（比如无罪天真的小孩）经常要比坏人背负、承担更多苦痛。

“这样的观念可追溯到因果报应理论和轮回学说——每个行为都会制造因果报应，而这个因果报应，要到下一次的生命轮回才会出现。好的报应来自做好事，坏的报应来自犯罪。这些因果报应将决定你下一个人生是幸福还是不幸福。

“人类的所有欲望都会因此被彻底解决。‘解决’，代表好的、坏的因果报应都实现了，每一个人都融入了轮回的齿轮中。”

读到这样似是而非的解释，让我浑身不舒服。有个同学带着一点嘲讽的口气把课本推开说：“搞什么啊？废话连篇嘛！”

下课后，我跑去找老师，告诉她我觉得这段课文根本不知所云。

老师静静地听我抱怨完，指着课本说：“你知道课本是谁写的吗？是天主教徒啊！”

她很认真地望着我：“我知道你的心情，你觉得，佛教的教义怎能用如此粗浅的三言两语带过去？可是你想想看，撰写教科书的人也只会用西方逻辑系统来解释，只能用天主教的‘赎罪概念’来表达因果，

写出来的东西自然就变成这样了。”

她有感而发地叹口气，看着玩成一片的同学：“你看，就算我们读了佛教或是其他宗教的教义，你认为，真的有人想要去体会当中的深意吗？”

我不知道要怎么回答，因为，我跟其他人一样，对不同宗教间的同异也兴趣缺乏，只会关心：会不会再见到上周末初识的隔壁学校的男孩。

老师叹口气，说：“虽然我是宗教老师，在大学时期也读遍、熟背了许多其他宗教的书籍。我觉得没有什么是我不知道的。直到后来我到东方去，才发现要了解另一种文化，一定要到当地，用当地人的方式去观察。这非常难，你知道吗？”

“我知道。”我小声地回答。

老师看看我，笑了：“这不也就是你来奥地利念书的原因吗？因为你想要实地学习这个国家的文化啊！”

宗教课，让我不盲目追随宗教，而是用更理智的态度来面对

在我六年的奥地利天主教中学生活中，从来没有一位宗教课老师尝试说服我信教。虽然是天主教学校，老师不仅没有禁止我们批判天主教，而且还鼓励我们保持批判的精神去省思天主教的教义、正视教会在历史上的不公不义，也在课堂上让我们多次思考信仰对人类的意义。

我也理解到，宗教课的意义在于经由讨论、摩擦，来建立自己对宗教的看法。这类讨论很需要有耐心且有智慧的老师引导，因为宗教信仰，很容易触碰到个人情感啊。

我个人感到惋惜的是，当时的教材每次提到其他宗教，就像我上述的那样，用一些令人不知所云的解释带过。不过这些年来的教材改善了很多，也更多元化了，教学方向较为注重多层面地了解不同宗教以及其不同的价值观。

在我自己上过多年的宗教课后，我认为这堂课确实有存在的必要。宗教课一方面可以让人了解宗教在文化圈里的地位；另一方面，透过学习知识与讨论，提供给学生一个中立的角度，避免盲目追求或先入为主地排斥宗教。

奥地利
翻转我的人生观

○在校园中，让孩子有更安全的管道认识宗教知识，学会用批判的态度来面对宗教，避免盲目的追求，或先入为主的排斥。

○当我们理解了不同宗教的源起，才能用更宽阔的心态接纳不同的信仰观。

○奥地利中学的宗教课，让学子自行发掘对信仰的认知，进而更理智地面对宗教。

考试时，每一分都是关键！

我们这么想

VS

他们这么说

考试是为了看见自我成长，而不是“我比别人更好”。

有人就有竞争，但可以一起当第一名

分级评分制度，让学生勇于面对，而不纠结于分数

奥地利教育的评分系统，一直让我觉得很有智慧。老师在发考卷回来时，会宣布：有多少人拿一级，多少人拿二级，多少人拿三级，多少人拿四级，多少人拿五级。

这个一级、二级、三级、四级、五级代表什么呢？大家可以想象我们的“甲乙丙丁戊”化成“一二三四五”：一级为最高，四级为及格，五级是不及格。

每次考试的满分也不同，老师可以依考试内容自行决定。有时候，我也考过只有八题的考卷，一题一分，满分就是八分。假设这次考试满分为30分，通常会是30～28分是一级，27～24分是二级，23～20分是三级，19～16分是四级，15分以下是五级（等于不及格）。

有时候也会有满分是100分的考卷，那么老师多半会把60分设为及格分数，100～90分设为一级，89～80分设为二级，79～70分设为三级，69～60分则是四级。每个等级也是有名称的：

一级叫作“非常好”（sehr gut），二级是“好”（gut），三级是“令人满意的”（befriedigend），四级是“足够的”（genügend），五级是“不足的”（nicht genügend）。考试后，老师绝对不会公布谁考满分，更不可能公开各个同学的详细分数。老师会如此宣布考试成绩：“这次的考试有五位同学‘非常好’，三位‘好’，十位‘令人满意的’，四位‘足够的’，很可惜，有三位是‘不足的’。”

我觉得这样的等级取名，不但无比正面，还能顾及学生的自尊心。

允许你犯错，也教你理性面对成绩的分数制度

以100分为满分的例子来看：你今天拿95分，隔壁同学拿了99分，你们都是一级，也没有人会去计较那几分的差距。所以，就算没有满分，只要在可以犯错的范围之内，你就是最高等级。

看出这个制度的奥妙了吗？它传达了一个非常非常重要的讯息：你是被允许犯错的。

或许你会说：“可是这样的话，考了89分的同学跟91分的同学才差两分，可是等级就差多了，不是很不公平吗？”

这个状况当然也被学校考虑进去了，所以，老师也会在考89分的成绩上打一个“+”号，如果这位同学每次都是差一点点就考一级，老师也会鼓励他平日多多表现（上课发言或按时交功课），就算考试时从来没有拿到一级，但是平日表现突出，学期末的总成绩依然有机会拿

到一级。

如果在一场笔试中，全班有半数以上同学不及格，老师会跟大家检讨错误，设计新的考题，并择日让全班重考一次相同范围的内容。就算你考了满分，也要跟着重考。

两次考试后，老师会取比较高的成绩。也就是说，如果你在第一次考试拿到一级，在补考时，你失手拿到了二级，老师还是会给你第一次的成绩；同样的，如果第一次是不及格，重考时绝地大反攻拿到了三级，那你的成绩就是三级。

如果重考时仍不理想，也不用灰心，理性面对成绩，对症下药，老师也会请你把握不同的机会，把成绩拉起来。

考试成绩是你的私事，考好没有奖励、考不好天也不会塌下来

我在奥地利学校里，从来没有经历过成绩排行，班上也没有所谓的“前三名”。我们各科或是全部科目的平均分数，也是用“级距”排列，所以，没有所谓的“全班功课最好的人”“全班功课最差的人”，而是“全班有几个人拿一级”“全班有几个人拿五级”。同样的，也没有全年级学生的成绩排名，因为，就算是同年级，不同班级的考试时间以及上课内容也不见得完全一样。

平日相处时，大家都心知肚明各个同学的表现，家长或学生也没有兴趣去追探其他同学详细的分数。考试成绩好或坏，都是你个人的私事。“考得好”没有奖状表扬你；“考不好”天也不会塌下来。

奥地利学校一般来说都很低调，招牌通常都是小小的，经过时甚至看不出来这是一所学校呢！你也不会看到学校门口有跑马灯、巨大的帆布条写着：“狂贺！”“本校之光！”“全国榜首！”“勇夺

第一！”……

对奥地利人来说:将学生的全名以及个人成绩表现,在未经过学生以及家长的同意之下,便公开贴在校门口让校外人士看到,是极不尊重未成年学生个人隐私的行为。

竞争是为了“让自己更好”,而不是“我比别人更好”

有人的地方就会有竞争,奥地利也不例外。

我们当然会在乎自己的级数会不会比不上其他同学,也会想追求更高的级数。但是,这样的评分制度会让你发现,竞争不是要把别人压下去,而是可以同时有很多个第一名！我好,别人也可以跟我一样好。

像我们的心理学与哲学老师,评分方式非常独特,她的考试更是可怕,考卷只出五道题,但是常常会出那种大家都看不懂的问题(例如:柏拉图的《洞穴寓言》跟欧洲启蒙运动有什么关系)。考试时间就是二十分钟。

假如你说:“平均四分钟写一题,很轻松嘛！”那就错了！

首先,我们要搞懂题目就差不多花上一分钟了,只要有人直接写上课文内容,老师一律画掉。

“我对背的内容没有兴趣,你们背多少是你们的事情,我要看到你们所想的。”老师这样说。

每一题的答案都可写满一整页,所以,一场考试下来,能够写完三道题就该谢天谢地了,而且老师竟然允许学生作弊！

“如果你今天不懂问题的含义,就算有小抄也没用。因为我要你们回答的都不在书上以及笔记上,而在你们的脑子里面。”老师这么说。

每次考完笔试，老师都会看完全班的答案，挑出“写得最好”的那份考卷（依照逻辑思考能力、答题完整度、自我意见发表多寡来判定）当作最高标准。有一次，我很不幸地成了那个最高标准。那是很凄惨的，因为马上会变成众矢之的。不过还好只有一次，全班同学会马上传阅你的答案，拼命找出你是否犯下任何逻辑错误，再跑去跟老师辩论，说觉得其他人的答案也很好，甚至更好，应该也拿到这样的成绩！

学会自我挑战，而不是纠结于分数的多寡

正因为奥地利的分数制度追求的不是完美的满分，所以能够适度减轻老师以及学生的压力。学生不需要为了一两分的差距拼个你死我活。比别人高一两分也不代表你比较厉害。这个制度在我看来十分健康，也让我在面对自己的成绩时能够保持冷静、不会死心眼地去计较分数。不计较那一两分、没有成绩排名，也教会我，就算考差了也不要灰心丧志，继续加油就对了！

我在奥地利的学校里学到：我们不仅仅要与同学保持良性竞争，更应该与自己竞争。

奥地利
翻转我的人生观

○考试的本意是检视学生自己的学习程度，而非展现“自己比别人更好”。

○奥地利考试制度让学生不纠结于分数：我好，别人也可以跟我一样好！

○奥地利成绩制度，让学生了解学习并不是为了与别人竞争，而是“与自己竞争”。

考试成绩就是了解学生学习进度最重要的方式。

我们这么想

VS

他们这么说

培养孩子对自己课业负责的态度，才是评断学习进度最重要的方式。

考试并不是评断学生学习进度唯一的方式

如果想要了解学生的学习进度，我们一般都会想到“考试”吧！当然，奥地利的学制也不例外。我进入奥地利中学后，发现这里也是大小考不断，但是，我同时也惊讶地发现：“原来考试并不是最重要的，也不是唯一用来测验学习进度的方式。”

奥地利随堂笔试：专属于每个班级的考试内容

通常，奥地利的随堂考试范围一般是八到十二节课的进度，如果是单一科目一周两堂的课程，差不多就是四到五个礼拜的教学内容，而且老师也会根据每一个班级的进度设计合适的考题。这也是为什么我在中学时期遇到的老师，并没有什么所谓“赶进度”的压力，因为在奥地利，老师教到哪里就考到哪里。

为了防止学生作弊，同一个范围，有的老师也会用心设计不同的考卷。在我求学期间，防止学生作弊最彻底的就是我的高中生物老师。

同一个班级、同样的考试范围，她会设计五张不同的考卷，意思就是你前后左右的同学，都会拿到与你不同的考卷。为了确保每个学生不会跟邻桌拿到同样的考卷，她还会用五种不同颜色的纸张来印。每次考试，全班的桌子就像开满不同颜色的花那样艳丽。

我们的班长是班上的孩子王，有一次，她带着几个同学在考试前把生物课的考试内容统统抄到黑板上，写了满满三大面黑板。

生物老师发下考卷，检查完每个学生的桌子是否都开满了不同颜色的考卷花就满意地在讲桌前坐下，完全没有注意到背后的黑板。考卷发回来后，生物老师还很高兴地说："老师对这次的成绩很满意。只是你们要注意错别字噢，好几位同学都写错字！"

我们想了很久才恍然大悟，因为班长在黑板上写内容的时候，不小心写了错字，所以考试时，就有人连带把错字一并抄下来了！

奥地利随堂口试：为每个学生量身定做的测验

奥地利学校有相当多的口试机会，考试范围、标准都与随堂笔试差不多。当台上有人在考口试时，老师也会发一些讲义或是功课给其他学生，学生也可以旁听同学考试。因为一班只有二十几个人，全班只要几堂课就能考完。

初中时，一次口试不会超过十分钟，高中则是最多考十五分钟。听起来似乎不是很久，但是，当你单独站在台上时，每一分钟都犹如永恒啊！口试的时候，如果学生答错，老师必须马上指出错误，但是不能直接纠正，也不能扣分，而是引导学生自己说出正确答案。除非学生真的答不出来，才能算是答错。

我的高中导师教历史和地理这两个科目，奥地利的地理课很特别，叫作“地理与经济学”，因为经济被视为人类生活空间里的活动，所以也被归到地理课里面。我们导师不怎么爱用课本，倒是常常利用“分析政经报道”来讲课，课本反而成为名副其实的“参考书”。

有一次，导师心血来潮，忽然摆出宽宏大量的姿态说：“这个学期我们不要在考试上浪费时间，也不用写作业，我们就学期末考一次口试好了，而且每个人只需要回答一个问题。”

此举让大家不知道是要高兴还是害怕，这个提议很诱人，但是“一题定生死”，如果刚好答不出来，不就被死当（意为“不能通过考试或取得课程学分等”）了？不过大家还是很心动，就投票表决通过了。

结果导师“要诈”，我抽到的问题根本就是两个问题：“在什么条件下会产生通货膨胀，其对整体经济发展有什么影响？”结果当时的我太过紧张，回答得不甚理想，那个学期的地理成绩只拿到勉强及格的四级。

主科月考：追踪自己的学习状况

奥地利的主科是语言和数学，一个学期各有两到三次的月考，每个班级的月考时间都不一样。主科老师得为各个班级排月考时间，这真的是一门大学问，规定如下：

规定1　一天只能考一科。

规定2　一个星期内，不能有两个不同科目的月考。

规定3　超过三天以上的连假后，第一天上学日不能排月考。奥地利学校认为：连假就是要出去玩或是休息，假设连假之后马上就有考试，学生就得在放假的时候念书，也失去了放假的意义。（话是这么说啦，但是要念的东西那么多，我们还是经常利用连假待在家里念书啊！）

规定4 连续多日的校内或是校外活动后，不能安排月考。因为参加活动需要很多精神以及体力，这段时间不该念书。

规定5 考试只能安排在第一节到第四节课之间。奥地利学校的说法是：因为下午注意力已经减退，不适合考试。

到了七八年级时，月考时间也越拉越长，最耗耐力的就是长达四小时的数学月考。考试时，大家也会准备一大堆零食还有饮料。老师会检查我们的食物，看看有没有把小抄偷藏在三明治里面。其实啊，我们都把小抄藏在厕所的角落里（单一科考上好几个小时，中途也要上厕所啊），让人匪夷所思的是，从来没有老师去检查厕所……

月考并不完全写在考卷上，而是写在所谓的“月考簿”（Schularbeitsheft）上。月考簿通常都是直式、A4的本子，一个科目一本，一本用一个学年。封面写上科目、姓名、学年度，打开的第一面写上这个科目的考试日期。

月考的时候，老师会发考卷下来，文法填充题之类的答案就写在考卷上，造句还有作文部分或是落落长的数学解题就写在簿子里面。老师改完后，会把考卷夹在月考簿里面给你。有错误的话，把订正完的答案誊到簿子里，接着把考卷贴进去，然后交给老师检查。

每一个学年，单一科的月考就是厚厚的一整本，这样就可以一目了然地追踪主科月考的状况，看见自己错误的地方。

“成绩结束日”前挑战升级考：让学生挑战自我

学期结束前两个礼拜左右，是“成绩结束日”（Notenschluss），这天之后，老师不能进行任何考试，因此也无法再更动整个学年的评分。

过了成绩结束日，学生就可以在学校里玩耍了。如果学期成绩刚好卡在两个级数中间，可以在成绩结束日前主动找老师用口试挑战更好的等级。我不喜欢一对一口试，基本上不会自己主动去要求。不过班上许多同学都会利用这个机会提升自己的级数。

中学高年级（高中）时，我的英文成绩还算中上，某个学期末，我的平均成绩落在二级偏一级。老师想给我更好的成绩，一直怂恿我考口试，可是我就是不想。老师硬是逼我考，士可杀不可辱，我抵死不准备，结果当然考差了。她生气地说："依你今天的表现，连三级都不到！"

我觉得委屈，回嘴说："是您想要我拿一级。本来的二级我就很满意了！"老师静默了一下，叹口气，拿我这不上进的学生没辙，说："你说的也没错，还是给你二级吧！"

平时成绩占总成绩百分之六十的奥地利教育

比起考试，奥地利老师更在乎"平日表现"，德文叫作"Mitarbeit"，字面上的意思很值得深思，也就是"一起工作"的意思，意指在课堂上专心、不懂就举手发问、与老师有互动、按时交作业以及报告。平时表现占总成绩的百分之六十，而前面所提到的各类型考试只占总成绩的百分之四十！

我就曾经看过其他同学考试只考不好不坏的三级，学期末总成绩居然有一级。原来，虽然这个同学考试的成绩几乎都是三级接近二级的分数，但是因为她平日交功课是全班最快、最仔细的，又勇于开口问问题（而且是那种会把老师问倒的问题），所以理所当然地拿到期末一级的成绩。

成绩，是为了让学生学会对自己的课业负责

这些测验学习进度的方式，让我觉得很特别。考试的时候，如果失手考坏了，老师也会理性地与你讨论原因。如果多次都是因为粗心而反复犯下类似的错误（就是我啦），老师的态度才会转为强硬。

然而，考试考得好，也不代表从此天下太平。有一次，我的月考完全没有错误，老师发回考卷时，还让我高兴得尖叫出声。但是，在下课后，老师很严肃地把我叫去训话："你不要得意忘形，你很清楚自己的平时表现，几乎没有一次作业是按时交上来的，上课也不专心。"

老师这番话，对当时年少气盛的我而言，多么刺耳啊！拼死拼活地念书，都考这么好了，老师不但不赞美我，反而还教训我？

后来，我才慢慢了解，原来考试考得好不算什么，能够在平日持续、稳定、坚持，不找借口推卸自己的责任，才是值得追求的目标。这就是为什么奥地利教育制度中要求学生不仅仅要"考试"还要"一起工作"，就是为了培养学生对自己课业的负责态度。

奥地利
翻转我的人生观

○考试不是唯一评断学生学习程度的方式，更重要的，是让学生“学会为自己的学业负责”。

○“平日表现”的德文原意为“一起工作”，因为教育，就是一场学生与老师的合作。

○“平时表现占总成绩百分之六十”的奥地利教育制度，让学生学会稳定、坚持，不推卸责任。

Part 2

学习不该只有一种方式：如何培养学生的学习力

“学无止境”“活到老学到老”是对自己、对孩子的期许。然而，有多少学生学习只是为了应付考试，一离开学校，就将学习、阅读视为洪水猛兽？

然而，奥地利教育培养的不只是考试的能力，更重要的是培养学生“实际运用”以及“自主学习”的能力。

说外语，如果文法错误、单词说错好像很丢脸。

我们这么想

VS

他们这么说

外语本来就不是你的母语，说错没有关系，重点是要大声勇敢、清楚地说出来。

学习外语，就是要勇敢、大声、清楚地说出来

奥地利小学只有短短四年，尽管现在全奥地利的小学都提供英语教学，但是大多以“快乐学习英语”为主（利用唱歌或是背诵押韵的词句，让奥地利小学学童认识英文）。而且，许多小学英文老师本身并不是科班英文专业出身，所以学生能学到的内容有限。许多学生是在中学一年级（相当于我们小学五年级），才正式开始学习第一外语——英文。

奥地利小学生念完小学后（四年制），就要从多种不同的学制中学中，选择要念的学校（奥地利的中学学制相当多元，分为：重人文、

重理科、重就业等）。不论选择的是哪种学制，绝大多数的学校都将英文设定为第一外语，但是不同学制的学校也会另外提供不同的语言课程。以升学为主的“文理科中学”，多半仍然以拉丁文或法文作为第二外语；偏重人文历史的中学则以拉丁文、古希腊文、法文、西班牙文、意大利文为第二外语的选项。有的学校也会提供比较特别的外语课程，比如：斯拉夫语系（如俄文）或是东方语言（如日文或中文）。

英文只是众多外语的其中一种

我从小就对语言有莫名的喜爱，误打误撞来到以语言教学闻名的奥地利中学，只能说运气实在太好！

学校的外语教学包括：生动的日常对话、阅读文学名著、看紧张刺激的推理小说，另外也听有声书、读剧本、看无字幕的原文爱情电影……这就是我在奥地利中学平日上语言课的景象。而这样的教学方式真的让我感到惊奇。

德文跟英文都属于日耳曼语系，文法也有那么一点类似，书写系统也都是使用拉丁字母。我在奥地利这个德语系国家学英文，因为德文已有基础，学习英文时对许多单词感到格外亲切熟悉，但是也因此，许多母语为德语的人士，有时候会将英文直接套用德文文法，反而造成四不像的状况。

这里的教育贯彻“英文不是唯一的外语”这个观念。不管是同校或是他校的同学、家长、老师，给我的感觉都是：英文很重要，但也不过是世界上众多语言的其中一种而已。如此看待英文，我觉得既健康又舒服。

奥地利学校也尽量不把外语教学资源集中在英文上，这样的做法，也能分散学生拼死拼活专心把一门外语学好的压力，所以有些文科学校的学生同时学习四五门外语也不稀奇。

你或许会顾虑："这样会不会搞混啊，同时学这么多语言？"

其实，因为每种语言有自己的规则以及逻辑性，外加十几岁的孩子吸收能力与学习力旺盛，借由学习不同语言也能接触不同文化圈的历史背景。

虽然奥地利并不执着于"英文至上"的教育模式，但是教育系统仍然偏向强势语言，对于奥地利的邻国语言（匈牙利文、斯洛伐克文、捷克文、克罗地亚文、斯洛文尼亚文等）也爱答不理，而这些语言甚至是奥地利政府承认的境内少数民族语言呢！这些国家都曾是奥地利王朝的领土，在历史发展中跟奥地利是有很多渊源的。

身为奥地利的学生，我们把历届美国总统的名字背得滚瓜烂熟，但是不到几个小时车程的捷克，我们连其现在的总理是谁都说不上来。鉴于此，这些年来，越来越多的奥地利学校开课教邻国的语言，也借此带领学生认识这些国家。

不使用音标的奥地利英文教学法

小学时，爸妈曾送我去屏东一家"美语教室"学了一两年"美语"。我到现在都还记得，那里有一位温柔的女老师，曾经带着我们唱英文歌《离家五百里》（*Five Hundred Miles*），还有《丹尼男孩》（*Danny Boy*）。这两首歌的主题都围绕着别离、游子、思乡，小时候的我还无法体会歌词的含义，也无法预料到自己有一天也会远离家乡，而且还不止五百里呢。

在“美语教室”里，我很扎实地学了KK音标，但是来到奥地利后，我发现奥地利的老师不教也不使用音标，不少奥地利的英文老师认为：“学习音标是一种额外的负担。”奥地利的英文老师顶多就是简单介绍音标及其功能，但是不会要求学生背音标。字典里的音标使用的也是“国际音标”（International Phonetic Alphabet，十九世纪晚期由国际语音协会制定的系统，用来标注世界上已知语言的发音及声调）。

大学时期，我碰巧翻阅到源自“二战”期间出版的《美式英文发音辞典》（*A Pronouncing Dictionary of American English*），两位编辑的姓氏分别为“Kenyon”和“Knott”。这本书中的音标撷取于国际音标，并做了适当的变化，提供给学习美式英文的外语人士使用。一查之下，我才恍然大悟，这套系统被梁实秋先生引进中国，用作者姓氏的开头字母命名，成了我们所熟悉的“KK音标”。

这套音标在中国的教学成效良好，缺点就是全世界除了中国以外，几乎没有人使用，绝大多数的英文词典都使用“国际音标”。而奥地利中学既不使用音标，教的又是“英式英文”，对于用来标注“美式英文”的KK音标，当然连听都没听过了。不用音标？那要如何练习英文发音？奥地利的老师相信，发音要好，最好的方法就是多听，然后模仿。你想要为单词标音时，老师就会请你用自己的方式标注，毕竟每个人的耳朵听到的都不尽相同。

为了能够照顾到每位学生的发音和听力，奥地利的中学在语言教学（不论是国文或是外语）上，非常注重小组制。一个班级有二三十位学生都算是人太多，所以会拆班。我在念中学低年级（初中）的时候，所有的语言课都是“能力分组”（Leistungsgruppen），一共拆成三组，一组八到十人。因此，一共有三位语文老师，彼此之间也会密切合作，随时掌握班上各个学生的进度，每组之间的学生也能够适时流动。

第一组的学生如果跟不上进度，就换第二组上课，相同的，第三组的学生也能一路通关斩将，迈向第一组。我升上高中时，英文课则是拆成两组，一组十来人。这时候并不是用能力分组，而是单纯地用字母排列，而我的姓氏“杨”的外文写法是“Yang”，“Y”在英文字母排列倒数第三个，所以我就被理所当然地排到第二组了。

德语系国家（德国、奥地利、瑞士）对于“英语”以及“美语”分得很细，大学里面的英文相关科系也有分类，着重“英语文学发展”“大不列颠王国文化”的科系叫作“英语系”（Angelistik，意为“英国语言和文学研究”）；以“美式英文文学发展”“美国文化”为主的科系则是“美语系”（Amerikanistik，意为“美语研究”）。

我学过美语，加上有台湾腔，发音用词方面都跟奥地利的同学不一样。奥地利的英文老师也想要调整我的发音，但成效不彰就放弃了，他反而安慰我：“没关系，我听得懂你在说什么就好了！”我并不是想说“没有必要学音标”，虽然许多奥地利外语老师都反对学音标，我学了几种不同的外语，也从来未使用过音标。但是，我觉得它就是一种辅助工具，对于有需求的人也是很好的依靠。与其争论是否有学音标的必要性，更重要的是要了解，很多时候，就算音标标出来了，不同地区也会有不同的发音方式。音标，除了是辅助工具外，说穿了，也就是一种参考标准罢了。

我曾经担任过很多外国学生的德文家教，其中一名学生来自北非突尼斯。上课时，我们使用的语言是英语、法语和阿拉伯语（我曾经学过基础阿拉伯文）。当时，我的家教学生在标记德文单词的发音时，才真的让我大开眼界：他竟然掺杂英文、法文、阿拉伯文，还有自己发明的符号来标记，真的只有他自己才看得懂！

学音标或是不学音标，都不是让你的发音变得很标准的主要原因。发音要漂亮，最终还是需要听各式不同音调，也要多说。

不要担心自己发音奇怪，大声说出来才是最重要的外语学习！

我在中学一共学了四年的法文。我们并没有从法文字母的发音学起，第一堂课，就直接学习法文对话。法文老师的原则就是“毫无系统性的系统”，她也不用音标，而是重复地把词汇念给我们听，说：“你们耳朵听到什么，就是什么，我不在乎你们怎么标记这些字的发音，只要念出来的音是对的就好了。”

练习发音的时候，法文老师只会纠正我们的咬字还有重音位置，并不会纠正我们的腔调。她也不厌其详地提醒我们：“光是法国境内就有各式各样的腔调，更不要说加拿大或其他旧法国殖民地的特殊腔调了。大声说出来，你不是法国人，也不是要去电视台主持法文节目，不要担心自己的腔调！”

有了法文老师的加持，我们的胆子也就大了。高中毕业考的法文口试，题目是关于我所喜爱的书——《小王子》的，题目是：“你觉得小王子与狐狸之间的关系哪里特别？”“狐狸给小王子的人生带来了什么样的影响？”而当时的我侃侃而谈，拿到了非常高的成绩。

一直到高中毕业多年后，我的法文老师才对我坦承，我的法文腔超难懂，她说：“你的法文混着台湾腔还有奥地利腔，但是习惯后就没问题了。”法文老师还爆料说，我在考《小王子》时，几位评审小小抱怨了一下，表示听不懂我的法文。身为主考官，法文老师直接回呛：“我听得懂就好了！她是在跟我说话，不是跟你们！”

我被法文老师的这段话逗笑了，问：“老师，当初为什么不纠正我的腔调呢？”法文老师也笑着说：“你们都是敏感得要死的青少年，我哪敢纠正啊！如果听不懂，我会叫你再说一次，多说几次后，我通常就听得懂了！然后，事后再悄悄纠正你的发音就可以啦！”

我的法文老师真的好有智慧！当时的我正值尴尬的青春期，如果直接明说我的腔调很奇怪，我绝对会觉得很丢脸，再也不开口了。

今天，我的法文还是有怪怪的台湾腔+奥地利腔，我的英文更怪，是台湾腔+美式用语+英国发音+奥地利声调。然而，我对此并不以为意，也绝不批评别人的外语发音或是腔调，因为，搞不好我的腔调别人听起来更奇怪呢！

在奥地利中学学习外语，我最大心得莫过于：勇敢地、大声地、清楚地说出来，就对了！

奥地利
翻转我的人生观

○英文并不是世界上唯一的外语，而是众多外语的其中一种。

○学习外语时，与其一味地着重于发音、音标、背诵单词，倒不如让孩子勇敢、大声、清楚地说出来！

○面对敏感的青少年，直接纠正他们的发音反而会造成反效果，倒不如先培养学生的“外语自信”。

考试，就是测验学生了不了解最重要的方式。

我们这么想

VS

他们这么说

比起考试，更重要的是让学生在生活中真正运用这些知识。

学习最重要的是运用而不是考试

中文里，“语言”这一词我觉得非常有意思。“语”由“吾”跟“言”组成，意思就是“我说出来的话”；“言”这个字，口上面一横一横又一横，不就像是“嘴巴喷出来的口水”吗？或是“说出来的字”吗？而且“语言”两个字里面有好几张嘴巴，语言就是要不断使用“口”，实在是再贴切不过了！

我遇到的奥地利英文老师都有一个共同点，就是非常重视学生的英文会话能力。刚开始，我总是羡慕地看着同学侃侃而谈，就算文法乱七八糟，英文老师也是一副“没关系，你继续”的表情。奥地利英文老师多半也不会直接纠正，一定是之后才会说明错误的地方，或在课堂上提出来，帮大家复习。后来，我比较敢开口了，当我不小心说错时，也从来没有因此挨骂，这样的学习方式让我越来越大胆、越来越敢开口。

背单词是为了能够运用，而不是只为了“背”下来

许多人都误以为欧洲学生无忧无虑，也不需要背东背西。其实，奥地利的学生也得背诵文法，也会背大量的生词背到快发疯。而且，学语言的过程中，我们也有许多困扰：明明背了很多单词，但是真的要跟别人说话，却支支吾吾说不出来？明明是学过的单词，却完全不知道如何使用。对方说的词汇也不难，怎么偏偏就像鸭子听雷？听懂了，却不知道如何回答？

奥地利英文老师当然知道我们的不安，平常就会用各种方式运用背过的单词，让我们加深印象并且学习运用。

有一次，英文口试的主题是旅游以及休闲活动，有上百个相关生词要背起来（交通工具、各种室内外活动，动词、形容词等）。然而，我却因为觉得单词看起来很容易，没怎么复习就上台考口试了。

老师用英文问：“你喜欢哪些户外活动呢？为什么？”我对生词不是很熟悉，净使用一些简单的单词，像是：游泳很健康，全身都可以运动，也可以在湖里、海里面进行；滑雪可以到山上，冬天下雪很美丽之类的。

我没料到的是，英文老师看我变不出什么花样，问：“你喜欢‘hiking’（远足）吗？”

好死不死，我没有背到这个单词，心里有点紧张，然而表面上仍然表现得临危不乱，以攻为守地反问：“那也要看体力还有天气啊！”（我想：反正户外活动不都要看体力还有天气吗？）英文老师点点头，示意我继续说。

我突然想到“hitch hiker”这个词是“搭便车的旅者”，那“hiking”

应该跟坐车旅游有关系吧？于是我自以为是地说："我觉得 'hiking' 不算户外活动，因为都是坐在车子里面。"

英文老师危险地眯起眼睛，用英文说："别以为我没看出来，你根本没有好好复习单词吧？"

于是我心虚地低下头，觉得英文老师好狠，损人还不忘训练我的听力。

利用有声书加强听力与词汇能力

高中时，学校会要求所有学生都要选社团，有排球社、英文听力社和奥地利传统刺绣社。我很了解自己对球类运动还有手工艺没有太大的天分，便毫不犹豫地选了英文听力社。

"英文听力社" 听起来气派，但这个社团只不过用了一间没人使用、位于学校花园角落的房间。若要到这间社团教室，还得先经过学校的厨房，穿越阴暗的长走道，走道旁是一间间修女的房间，偶尔会看到修女静静地穿梭，还会闻到厨房飘来烹煮食物的油烟味。

破旧的社团教室摆了数台老旧的录音机，旁边的书架满满都是书和老旧破烂的录音带。每一卷录音带都是"有声书"，用橡皮筋把录音带跟书籍绑在一起。那个年代已经有CD（激光唱盘）了，但是学校为了省钱，还是只能听这些早该退役的录音带。社团活动时，我们会在教室里听这些有声书，若有不懂的地方可以问社团老师，录音带还有书本也可以带回家使用。社团老师很严格，我们都有点怕她，而社团老师为了提升我们的英文程度，要求每两个礼拜就要交一篇"听后感想"。

当时，我最喜欢听的就是美国惊悚推理小说家爱伦·坡（Allan Poe）、英国写实主义文豪狄更斯（Charles Dickens），以及儿童文学著名作家罗德·达尔（Roald Dahl）的作品了。罗德·达尔的作品中，最有名的莫过于《巧克力冒险工厂》。小时候，我曾经看过中文版，为书中天马行空的情节深深着迷，怎么也想不到，有朝一日竟然会在一间破旧的奥地利教室中看到英文原版！

有一次，我借了英国作家乔治·奥威尔的反乌托邦小说《一九八四》回家，剧情很刺激，结果听到一半时录音带竟然坏了！我把书还有录音带还回去时，社团老师劈头就问："你的心得报告呢？"我说："录音带坏了，没办法听完。"社团老师没好气地说："录音带不能听，你就不会看书吗？"

我支支吾吾地反驳："可是我们是Listening Center（听力社），又不是Reading Center（阅读社）啊！"结果社团老师居然扑哧一笑，说："也没错啦。"

我紧张地问社团老师是不是要赔钱，她还反过来安慰我："听坏了也好，这样我们才能买新的！"她看着整柜老旧的录音带叹了口气，似乎在思考"还要多久才能把这些录音带听坏"。

学习外语，听说比写来得重要

高中时期，外文月考分为四部分：听力、文法、阅读、写作。

考试的第一关叫作"听力与理解"。英文老师很爱播公共场所的对话，当中有很多嘈杂声，说话速度也很快，可能有奇怪的腔调和一堆听不懂的单词。而我们必须依照听到的内容，回答考卷上的问题。

每一次的听力考试，英文老师都只播放三次，不管我们再怎么央求，英文老师就是不肯多放一次。我们还抗议过对话中有很多没有学过的单词，英文老师也毫不在意，说："跟外国人说话的时候，对方怎么可能有耐心重复三次以上？更何况，对方怎么知道你懂哪些单词？他一定会说出你不会的单词，而学习外语的目的，就是要训练自己'能够运用自己懂的词汇去揣测对方想表达什么'。"

我的英文听力表现不尽理想，幸亏作文一向不错，英文老师也就睁一只眼闭一只眼。有次考听力时，可能过度紧张，我竟然半分都没拿到，偏偏这次的作文写得比平常还好。

看到我的考试结果，英文老师气呼呼地就开骂了："你老实招来，该不会仗着自己会写文章，故意放弃听力吧？我真的很想直接当掉你，看看你下次会不会认真一点！"

听力是奥地利高中月考中最重要的部分。英文老师的确有权力当掉我的英文，但是我心里还是觉得委屈。

我苦苦哀求，英文老师才勉强放过我。但是她清楚地发觉我的读写能力与听力落差太大，开始特别盯紧我的听力。高中选修课时，我也加修了英文，当时遇到的英文老师（就是英语听力社的社团老师）也知道我的困扰，还特别陪我一起练习。

因为这些稳扎稳打的训练，中学高年级（高中）毕业的时候，我可以完全不用字幕看懂英文电影，需要开口说英文时，也能开心、顺畅地与别人沟通。听说能力，就是在加强沟通能力啊！

教育不只是让学生从课本中学习，而且是用不同的方式引起学生的兴趣

奥地利的语言教育也非常重视阅读，不论是本国语言教育或是外

语教学。课本里面的课文只是用来“理解语言”的工具，老师并不要求学生背诵课文，原因很简单：背诵课文，你会的是课文，不是语文。

学一种语言，你必须打从心里爱惜，而不是把它当作一个必须拼命去征服打败的对象。正是奥地利老师引导我阅读，才让我真心爱上了语言。

在奥地利上英文课时，让我感受到震撼最大的作品，莫过于英国作家威廉·戈尔丁（William Golding）在二十世纪五十年代年代所写的《蝇王》（*Lord of the Flies*）。情节叙述一群六到十二岁左右的孩子遭遇飞机事故，并且描述他们如何在荒岛上求生。

乍看之下，这本书似乎是标准的青少年冒险文学，但是仔细一读，会发现这些孩子逐渐褪去文明的衣裳，内心的兽性逐渐浮现，尝试建立秩序并且最后互相残杀。这部小说巧妙结合了古希腊哲学思想、基督传统观念和近代心理学（读完这本书后，刚好也搭配了后来心理学与哲学课的内容）。

英文老师花很多时间跟我们讨论书中露骨、残忍的情节，还有对人性的尖锐描写。故事中，几个主角绘声绘影地讨论孤岛上是否有怪兽，主角之一的西蒙（Simon）静静地说：“我的意思是……或许它就是我们自己。”（What I mean is...maybe it's only us.）

这段话像闪电一般击中了我，我突然看到了自己周遭的生活，当发生事件的时候，许多人常常下意识地怪罪别人，甚至还以正义之士自居而沾沾自喜。浑然不知，或许我们自己就是那只怪兽。这句话，一直实实在在地压在我的心中，提醒自己：在责怪别人或是跟风之前，必须先冷静思考。

我们也阅读英文剧本，我最喜欢的作品就是二十世纪的美国剧作家田纳西·威廉斯（Tennessee Williams）在一九四四年发表的《玻璃动物园》（*The Glass Menagerie*）。它是我读过的英文剧本中，最让我爱不释手的作品。

看完这部作品后，英文老师也出了一大堆功课给我们：写剧本大纲、人物关系表、故事寓意、创作动机、对于每个章节的感想等。然而，写这些作业真的很过瘾，因为作者笔下的人物鲜明生动，剧情描述美国经济大萧条后社会中的演变、美国家庭的压抑情感。每一句对白都是那么真实，让我的心情也随着剧情起伏。英文老师带我们去看真实的剧团演出，我被演员的表演张力深深打动。看完后，我的心情久久无法平息。我在日记中写下："我觉得好感动，也一直思考自己想过什么样的人生。威廉斯轻易地将现实与梦幻之间的距离拉长、缩短、交叠、错开，用许多现实中不存在的角色让我们看到现实。"

我们也看了多部莎士比亚的剧作，其中让我觉得最浪漫的作品就是《第十二夜》（*Twelth Night*）。这是一部A爱B、B爱C、C爱D、D又爱A的爆笑爱情喜剧。男女主角是双胞胎兄妹，妹妹大部分时间是女扮男装。英文老师解释：在莎士比亚的时代，女人是不可以抛头露面上舞台演主角的，所以这位妹妹是由男人来扮演的，这位男演员得男扮女装，在剧中又得女扮男装，角色的混乱度非常符合剧情。

我们去城里的戏剧院看《第十二夜》，那是我第一次坐在剧院第一排的位置，非常兴奋。女主角扮成男孩成为公爵的男仆，公爵在沐浴时也必须在旁服侍。在舞台上有一大盆水让公爵沐浴，当他站起来时，溅了好多水到前几排，我跟同学笑着拭去身上的水，望向舞台，倒抽一口气，瞪大眼睛：扮演公爵的演员居然“全裸”面对着观众！

想想，欧洲的许多名画都是裸女、裸男，古建筑物上也不时可见袒胸露肚的女神雕像，意大利艺术家米开朗琪罗著名的雕像《大卫》也是全裸啊！所以，裸体呈现，对欧洲人来说，真的就是见怪不怪！大家反而更能用欣赏、健康的视角来看这些戏剧或艺术作品。

培养学生的阅读兴趣，比纠正错误还重要

法文老师也带着我们读了不少法文著作，像举世闻名的《小王子》（*Le Petit Prince*），让我陶醉在小王子与狐狸还有玫瑰的世界中，还有法国作家勒内·戈西尼（René Goscinny）与著名插画家让-雅克·桑贝（Jean-Jacques Sempé）合作的《小淘气尼古拉》（*Le Petit Nicolas*），这套书也被誉为“全世界最好的儿童文学”。而我深深爱上的法文作家，则是诺贝尔文学奖得主阿尔贝·加缪（Albert Camus），他的作品《局外人》（*L'Étranger*）开头是这样写的：“今天，妈妈死了，也有可能是昨天，我不知道。”（Aujourd'hui, maman est morte. Ou peut-être hier, je ne sais pas.）

直到今天，这段话都清楚地印在我的脑海中。这段文字完全震慑住了十七岁的我，因为这句话都是我学过的简单单词，揉捏起来，竟然有这样的文学张力。

也是因为加缪，我开始想要去了解他的家乡——阿尔及利亚（Algeria）。这个国家位于北非，十九世纪时被法国侵略，成为其殖民地。为了减少阿尔及利亚使用阿拉伯语的人数，法国政府除了强制性地把官方语言改为法语，更直接将阿拉伯语列为外语。当时，阿尔及

利亚人成为次等公民，也无法拥有法国国籍以及投票权。在二次世界大战时，数十万计的阿尔及利亚男子为法国军队效力。“二战”过后，阿尔及利亚独立的声浪越来越高，经过多年的抗争，在一九六二年才正式脱离法国，成为主权独立的国家。

加缪在第一次世界大战爆发前出生，他的父母来自欧洲：父亲是第二代的法国移民，母亲则是来自西班牙的移民。法文老师告诉我们，像加缪这样在阿尔及利亚出生的法国移民后代被叫作“黑脚”（pied-noir），“黑脚”比殖民地的人民拥有更多的特权，也拥有法国国籍。但是，“黑脚”虽拥有法国公民的身份，但许多法国当地的人民却认为他们没有受过欧洲文化熏陶，瞧不起他们。

加缪就是在这样错综复杂的背景下成长的。在阿尔及利亚，他代表的是法国殖民者，不被视为真正的北非人；到了法国，因为他的北非背景，也不被视为真正的法国人。

我深深地爱上了加缪既冷漠又充满渴望的矛盾笔触，一本接一本地啃着，我当时的法文不够好，就先看德文版，看完再回头来看法文版。

过了很多年后，法文老师告诉我，说我除了该交的心得报告之外，还会另外写很多读后的心情宣泄，一写就是十几页，法文词汇不够的时候，就换写德文。若不是法文老师提起，我自己都忘光了！法文老师还告诉我：尽管当时写出来的文法乱七八糟，只是把思绪拼命倒出来，但她觉得那是我最直接、未修饰的感想，一个字她都舍不得修改，统统影印下来，退休后还宝贝地带回家保存到今天。

大量地阅读，正是培养语言的最好方法

外语课就是不断地看书。我们似乎会将课本以外的书归类为“课外书”，也会有“看课外书会影响学业”的说法。对于受奥地利中学教育的我来说，这个概念非常奇怪，因为在奥地利书就是书，并没有“课外书”与“课内书”的区分，如果在课堂上学习阅读不是为了看懂文学作品，那又是为了什么而学习语言呢？

你可能会疑惑，一直看书，考试怎么办？都不用念书吗？

然而，奥地利学生并不会有这样的问题，因为当我们在读这些文学作品时就是在念书！回家功课通常是写文章大意、读书心得，考试内容也是阅读过的书籍，不然就是给一篇长长的文章，回答问题并写读后心得。书看得越多，阅读能力自然会越强，考试的时候更是驾轻就熟。

而且，正是因为阅读大量的文学作品，修辞的能力也相对提升，文章也写得更得心应手。所以，当时的我不仅没有“看课外书会影响功课”的烦恼，相反的，认为看越多课外书，越能加持自己的语文能力！

前几年，电影《饥饿游戏》（大块文化）引起了我的好奇心，于是我买了英文原著来看，才发现这套书其实被列为青少年文学。书中的遣词用字浅显易懂，但同时也把赤裸裸的人性摊在你面前，阅读这套书时，竟然让我招架不住、心情极其沉重。这时，我突然怀念起高中的英文课，也才猛然体会到：有英文老师在一旁导读，是件多么幸福的事情！

学语言的时候，若有老师陪伴、引导如何阅读这些文学作品，教

我们找出藏于字里行间的信息，我们就更能体会语言的重量。或许，我们有一天会忘记一些单词，也会忘记一些不常用的文法，但是阅读所引起的情绪起伏或思想启发，都会悄悄地被保留在心中的某个角落。

这些，都是你与这个语言的专属回忆，没有任何人可以偷走。

奥地利

翻转我的人生观

○学习外语，最重要的就是顺畅地与他人沟通，而不是只着重于制式化的写作。

○不论是否收录在课本中，所有的书都是学习语言最棒的伙伴。

○比起纠正学生的错误，更重要的是培养学生对于学习的自信与兴趣。

国文学习的基本功是背诵，考试也会考查背诵，“背多分”，把课文背起来就对了！

我们这么想

VS

他们这么说

大量、不偏食的阅读，让学生体验文字的魅力，才是学习语言的真正用意。

大量、不偏食的阅读，才是真正的“国文课”

你知道，欧洲哪种语言拥有最多母语人口吗？是英文吗？不是。是法文吗？也不是。正确答案是：德文。

除了德国、奥地利、瑞士德语区以外，还有像意大利、列支敦士登（Fürstentum Liechtenstein，欧洲中部的内陆小国）、卢森堡、比利时、波兰、法国、罗马尼亚、乌克兰等，也都有部分区域为德语文化区。这些地区的地理、历史，都是孕育德语文学的丰富土壤。

我个人不太喜欢华语区经常使用的“德国文学”这个词语，觉得这个词语并不精准，因为许多德文作家根本不是德国人，而是来自德国以外的其他德语文化区人士。

学习母语的文法，为的就是能够更精准地掌握自己的语言

相对于我们的“语文课”，在奥地利就是“德文课”。中学时，我的德文课大致分成三大部分：文法修辞、不同文体书写和阅读文学

作品。

德文对奥地利学生来说是母语，但是奥地利学生同样也得用学外文的慎重态度来学习文法，一刀一刀解剖五花八门的德文句型。奥地利的语言教育也讲求本土化，我们用的德文词典是“奥地利式德文词典”，也强调学习奥地利独特的用语、发音及文法。

尽管我并非以德语为母语，且我还说不出几句完整的德文，但还是很快就爱上了结构紧密的德文文法。在上文法课时，绝大多数的奥地利同学都哀声连连，我却对此心醉神迷，铆起劲儿来学文法，将根基扎得又深又稳，甚至成为班上德文文法最好的那一位。很多奥地利同学还会捧着德文句型，跑来向我求救：“这是第一分词还是第二分词？”

一天到晚地分析关系句型（Relativsatz）、属性句型（Attributsatz）或是同位结构（Apposition）之类的复杂句子。平日随堂考时，也不断地考德文文法，并且一刀一刀把句子切割、解剖字句构造，这样的学习到底是为了什么？

对此，奥地利教育告诉我们的是：学习母语的文法，为的就是能够更精准地掌握天天使用的语言。

除了文法，平常的德文课也是不断练习写各种文体，像论述文、记叙文、童话、短篇故事、讽刺文等，还有在前几章提到的诗词诠释。

我特别喜欢的文体叫作“Innerer Monolog”，意思是“内在独白”，仿佛跟自己说话似的，十分考验想象力以及对文字的掌控力。在学校的时候，老师也会给你一个情境当作起头，并且就着这个开头编写后段的文章。

奥地利文学史上最经典的内在独白作品，首推中篇小说《古斯特少尉》(*Leutnant Gustl*)。这本书的作者是十九、二十世纪交替时期的阿图尔·施尼茨勒(Arthur Schnitzler),从男主角去听音乐会,坐在观众席上天马行空的内在独白开始,让读者随着男主角的思绪进入当代的绚烂及黑暗,也穿插了许多令人会心一笑的奥地利俗语。

不偏食的德文课,让学生了解各个时代、种类的文学作品

我们的德文课本叫作《德语文学史》,可以说是一本浓缩版的德语文学百科。这本书像一盏灯塔,透出柔柔的光芒,引导我们在海上顺利地从一座德语作品岛游到另一座岛上。后面还洋洋洒洒地列出了几百本研究各个德语文学领域的专业书籍。

《德语文学史》陪伴了我的中学生活,不仅将历史上的德语文化一一分类,而且对近代德语文学的解析也相当用心。它分成很多大项目,如:"一战"后的奥地利文学、德国纳粹文学、流亡作家文学、"二战"后西德文学、"二战"后奥地利文学、媒体上的文学发展(电视、电影、广播剧等)、东德文学、瑞士德语文学、女性文学、政治文学、自然环境文学……

每次看完课本提到的书单,我们都得写出这本书的大意与感想。毕业多年后,我问德文老师:"现在网络这么发达,留作业还会要求学生写大意吗?不怕学生上网用抄的吗?"

德文老师耸耸肩,说:"我会出那种学生无法从网络上照抄、必须说出自己想法的问题。而且我也会在课堂上问问题,问他们对某些特定情节或是人物的看法,谁是真的看书,马上就知道了。而且我一看学生交上来的东西,如果平常错字连篇,但作业却突然文情并茂,当然知道有鬼啦!"她笑了笑,"老师当然要走在学生前面啊,不然会被小

鬼头骑到头上！”

德文课也会看政治文学作品，德文老师说：“文学中的情节常常反映社会现象，也是一种社会批判。”德文老师也明白青少年对政治的兴趣并不大，需要慢慢引导，于是先让我们接触十九世纪浪漫派诗人代表——海涅（Heinrich Heine）的情诗，接着才看他所写的政治批判作品《德国，一个冬天的童话》（*Deutschland. Ein Wintermärchen*）。

海涅的政治观点不符合当权者的期待，他不得不流亡到法国，过了十多年才得以回家。这场返乡之旅，被他写成了共二十七章、全长超过两千行的叙事诗。德文老师还特地带有声书到教室，放给我们听。诗词被朗诵出来，整个美感都不一样了，言辞机锋幽默，还有诗人心中对家乡的不舍及挂念。

在阅读女性文学中，令我特别难忘的作品叫作《盐如何进入海洋》（*Wie kommt das Salz ins Meer*）。这是奥地利当代文学才女布丽吉特·施瓦格（Brigitte Schwaiger）在一九七七年，以第一人称所写的处女作，也震撼了当时的文坛。女主角是被压抑的传统女性，不知道自己的人生定位，活在一个不幸福的婚姻里，最后以离婚收场。我们找着字里行间所隐藏的讯息，注意女主角用什么角度观察周遭，因为不是第三人称的全知角度，在许多时候作者是否无法保持中立与客观。

我们也要思考小说的背后意义，这是一本批判社会对女性不公现象的书籍。为什么这本作品在保守的二十世纪八十年代，会造成那么大的影响，是因为这位作家犀利地指出社会中没人想去面对的现象。施瓦格，正是带领我进入德文世界的当代作家，她的遣词用字不难，也不用复杂的句型，笔触棱棱角角、冷冷的，却又藏着许多压抑、温暖的情感。

我们也读了不少奥匈帝国史上的文豪作品，比如：二十世纪初的剧作家霍尔瓦特（Ödön von Horváth）的作品。到今天，各大小剧院，依旧不断上演着霍尔瓦特的作品。他为贫穷的市井小民还有被男权主义压迫的女性发声，强烈批判当时崛起的纳粹主义，这也迫使他不得不流亡到国外。

我们也读了霍尔瓦特的第一人称小说《无神的青春》（*Jugend ohne Gott*），基调阴暗深沉，主角为热爱教学的老师，目睹纳粹教育如何给年轻人洗脑，让他们失去了思辨能力以及同理心，不再相信上帝，将纳粹党国主义视为最新的信仰。书中也探讨性别歧视和种族歧视，让我们这些学生看完后，内心也五味杂陈。德文老师也与我们讨论教育的本质、教育者的责任、教育对人类发展的影响。

就是这样多元、不偏食的“国文课”，带给学生的不只是语言知识，更重要的是让学生深入地认识了各个时代的背景与观念，以及深入探讨了当时的人性。

经由阅读，让作者的文字带领你领略不同的世界

经由阅读，我们体会到作家思考的精华和对人性的观察。其实，中学时期的我对于看书这件事真的又爱又恨，因为老师发下来的书好像怎么看都看不完，该交的心得报告怎么写都写不完。

我一直没有忘记我看的第一本德文书，那是初中德文老师为我挑的——德国作家西奥多·施托姆（Theodor Storm）的中篇小说《三色紫罗兰》（*Viola tricolor*）。西奥多·施托姆是十九世纪德语文学写实主义作家，其作品多描写北德的人情风景，也贴近社会小人物的生活。当

时的我，德语程度连书名都看不懂，也没有网络可以查资料或即时翻译，查词典查到哭个不停，但还是将眼泪擦干、咬紧牙关，一个字一个字地啃起书来。

看完后，还得上台在同学面前报告自己的读后心得，我紧张极了。当时，我的德文还不流畅，发音又奇怪，其他同学应该都听不太懂我在说什么吧！但是那一天，报告结束后没有一个人嘲笑我，而是给了我鼓励的掌声。

施托姆对我的影响很深，他出生于现今丹麦与德国交接的北海岸，风格沉稳，又带点说不出的哀伤，辽阔却压抑的文字也开启了我对北德的第一个想象。高中毕业后，我爱上一个来自北德的男孩。坐了长达十七个小时的火车，中途转了五六次的车，晕头转向地到达德国最北的边界，就是为了跟那个男孩站在海岸边，看看施托姆糅进文章中的那抹蔚蓝天空。

到达北德时，我感动到无以复加。因为，即使过了一两百年，这里的景色依旧一望无际，而亲眼看到他曾经看过的天空，就跟我想象中的一样蔚蓝。

奥地利

翻转我的人生观

○大量、不偏食的阅读，才能真正提供完整、全面的语言文化。

○学习母语不该只有背诵，而是深入探讨当代的文化背景与思想。

○阅读不仅要欣赏当时的文体，还要从字里行间的情感与历史，了解作家对人性的观察。

戏剧票价高，基本上算是有钱有闲的人才有的消费活动。

我们这么想

VS

他们这么说

戏剧也是一种文学飨宴，也是一种文化传承。

用传统戏剧培养文化软实力

德文课除了看小说，最让人感到特别的就是：看剧本。

你可能会认为，剧本不是给演员看的吗？没错，剧本当然是给演员排戏用的。不过在这里，大家也会理所当然地把剧本当作文学作品来阅读。在奥地利的书店里，你可以看到满坑满谷的剧本，像小说一样包装得精美绝伦。可见在奥地利，剧本的文学地位绝不输给小说。

“剧本”也是奥地利德语学习的重要一环

在德语系国家中，写剧本不仅相当被推崇，许多爱书人士也特别热衷阅读剧本，出版社也不断地再版两三百年前到当代的各类剧本。许多现代作家的重要作品也都是剧本（也会被搬上舞台或拍成电影），也有专门写剧本的作家，正式称谓就是“剧作家”（Dramatiker）。

刚到奥地利的时候，我并不了解奥地利人有着悠久的戏剧传统，也不懂他们怎么能够看剧本也看得如痴如醉。在学校时，我本来不喜欢读剧本，当时我甚至在日记里不服气地写着："老师要求我们看剧本，根本就是一件不合逻辑的事情，就好比拿一份我从没碰过的乐谱，要我想象听起来好不好听。在我看来，决定一首曲子好不好听，除了作品本身以外，更重要的是演奏者以及乐器的品质。一个剧好不好看，除了剧本以外，演员、导演以及舞台设计也负着很重的责任吧！"

我也曾经问德文老师："为什么上课要看剧本？"她睁大了眼，脱口反问我："为什么不看？"德文老师非常讶异我问的问题，因为对她而言，剧本就是文学作品，所以就是要阅读啊！

从学校教育，培养出的"看戏"文化

要了解剧本为什么会被视为重要的文学作品，首先要了解奥地利人与戏剧之间的关系。

奥地利拥有长久的看戏传统，我住的城市格拉茨，人口不过二十八九万，跟台北市士林区或嘉义市的人口差不多，然而大大小小的剧场就超过二十个！到处都有专业或业余的剧团演出。

除此之外，格拉茨公立戏剧院规模也极惊人，剧院有四个不同大小的表演厅，也有自己的正式剧团和实验剧团，并且邀请外地剧团前来客座演出，每年有三到四百场的演出。由于戏剧院就在我家附近（走路约5分钟），我不时也会看到偏远乡镇的居民包游览车进城来看戏。

小城市都如此重视戏剧文化，更不要说以蓬勃文化活动著称的首都维也纳了。奥地利国家剧院位于维也纳，名字很浪漫，叫作"城堡剧院"（Burgtheater），这里也是世界上规模最大、历史最悠久的德语话剧院。成为维也纳城堡剧院的一员，更是许多德语演员一生的梦想，而在城堡剧院演出的演员，其名气在德语文化区完全不下于其他电视、电影明星。在这个剧院待过的演员，甚至还有个敬称："城堡演员"（Burgschauspieler）。

德文老师在规划课程时，也会参考城里戏剧院上演的戏码。我不喜欢读剧本，却很喜欢全班一起上剧院看话剧，看演员如何把剧本里面的文字转换成画面。久而久之，我迷上了看戏，也才渐渐了解为什么"看剧本"是奥地利很普遍的阅读习惯。

德语文学史上流传下来众多的戏剧作品，一些名剧也会不断被重新诠释、演出，也会有新进的剧作家重新改写大师旧作。观众若想要好好消化戏剧里面的对白，可以在看剧前先了解剧情，只要到书店就能买到剧本来看。不同的导演及演员，当然也会有不同的诠释，不同的舞台设计也会带来不同的效果。观看不同的演出再与原著剧本相比较，对"戏痴"来说，是相当过瘾的一件事。书店也都会了解本季各大小剧院在演什么戏剧，然后补齐这些剧本。我也看过有人带着剧本上剧院，边看表演，边在剧本上密密麻麻地记录着。

十八世纪末期是德语文学的"狂飙时期"（Sturm und Drang），这个时期的文学特点是挣脱封建制度的束缚、追求心身自由、尊重大自然，当时的两大代表文豪席勒（Friedrich von Schiller）与歌德（Wolfgang von Goethe），都留下了为数不少的剧作。

歌德最著名的剧作，就是写了将近六十年的《浮士德》（*Faust*）。歌德精通古希腊文，也改编了古希腊悲剧《伊菲革涅亚在陶里斯》（*Iphigenie auf Tauris*）。尽管古希腊思想重视神力以及人被命运主宰的无奈，歌德却为此剧注入了人本思维，相信人定胜天，这出剧作也是歌德在今后最常被演出的作品。

席勒这个名字大家可能比较陌生，音乐大师贝多芬著名的《欢乐颂》的歌词，就是出自席勒的笔下噢！席勒的创作动力环绕追求自由和摆脱封建社会枷锁，反映出市民与贵族阶级之间的冲突。他的第一部剧作《强盗》（*Die Räuber*）在首演时，因为太赤裸裸地指出社会丑相，在剧场里引起了前所未有的轰动。“渴望自由”这个主题，就算是过了几百年，依旧撼动人心。这也是为什么席勒的作品，到了今天还是不断地被搬上舞台或改编成电影的原因。

然而，不只是德国戏剧，瑞士以及奥地利的戏剧作品也是我在奥地利中学时的必读作品。一位近代瑞士剧作家的作品，也是课程中的重头戏：二十世纪的弗里德里希·迪伦马特（Friedrich Dürrenmatt），擅长挖掘人性的黑暗，一九五六年首演的《老妇还乡》（*Der Besuch der alten Dame*）获得了无比的成功，然而经过了一甲子，这部戏剧不仅年年在不同的德语剧院演出，甚至被改编拍成了不下十部电影。

奥地利十九世纪作家弗朗兹·格里帕泽（Franz Grillparzer）的作品则是非常重视人物心理刻画，他也被视为改变德语戏剧创作的一大推手。我自己很喜欢十九世纪的奥地利剧作才子约翰·内斯特罗伊（Johann Nestroy），他的作品题材充满维也纳式的悠闲氛围。为了纪念这位才子，维也纳每年一度的戏剧奖就叫作“内斯特罗伊奖”。中学五年级时（相当于我们的初三），第一次跟着学校去格拉茨戏剧院看戏，就是看他的名剧《护身符》（*Der Talisman*）。这位剧作家自己也曾经是演员，老师告诉我们，他生前也在格拉茨戏剧院担任演员呢！

在写这段文章的时候，《护身符》刚好又在本城上演了，我很兴奋地买了票。那天是星期六，剧院里面人山人海，观众席最前面几排坐满了十四五岁的小萝卜头，开演前，每个人都是坐不住的，像一群小虾不耐烦地扭动着。然而，舞台灯一亮起，红幕一拉开，全部静了下来，每个孩子都昂着头，一动不动地注视着舞台上的动静。这让我想起了小时候的自己，我的嘴角不禁上扬了。

中学起就被德文老师培养上剧院的习惯，所以现在若晚上没有安排，我也会跟先生散步到剧院，看看今天上演什么就直接买票，有时候也会和三五好友相约去看剧。

上剧院，其实就像去电影院的休闲活动，剧院的票价起跳也跟电影票差不多，剧院学生票甚至比电影票更便宜（在奥地利，学生票一直到年满二十七岁才无法购买呢）！肯砸钱坐好位置的观众，也可以买价钱昂贵的高档包厢票。由此可知，在奥地利，上戏剧院就是一项社会各阶层都负担得起的休闲活动。

而且，演员就在你面前演戏，看到真人在你面前演，那种直接的张力以及情感，只有看现场表演才能体会！现代的电影常标榜要3D、要真人实境感。请问，有什么比真实的演员还3D呢？因此，近年来，德语系国家也开始流行把畅销小说改编为剧本，并在戏剧院演出，这样的做法也成功地吸引了原本对戏剧无感的民众。

现在的我很喜欢读剧本，也会去书店买当代和旧时代的剧本。我想起以前上德文课时，德文老师总是会随意分配角色，让我们在课堂上朗诵剧本的内容。分到情侣角色的同学就会故意摆出亲热的样子，分到反派角色的也会故意摆出凶狠的样子。大家随着剧情发展，心情跟着人物起伏，透过这些剧情观察人生与人性。或许，奥地利中学的“国文课”教育，教的不只是语言，还传承了那丰富、永不褪色的奥地利戏剧文化。

奥地利
翻转我的人生观

○语言学习不该局限于“课本”与“文学作品”，不论是戏剧、电影、音乐，都是最真实的语言学习。

○在奥地利，“看戏”并不是有钱人专属的活动，而是各个阶层都能享受的生活乐趣。

○学校，是孕育文化的重要场所。我们把文化加入学校教育中，就是传承社会文化的重要环节。

从小到大，外语几乎都是“看得懂却说不出口”。

我们这么想

VS

他们这么说

学习外语，是要“说”外语，而不只是“读”外语。

将知识从考卷拉回现实生活

我想，每个人对于“学好语言”都有不同的定义，然而，对我而言，“学好”并不是学会很多艰深的单词，文法学得完美无缺，或是为了考高分让人刮目相看。我想要的是：能够运用自己所学的文法以及词汇，舒舒服服地与他人沟通、表达自己，不断挖掘这种语言的魅力，这就是我学语言时所追求的远景。

每个人学语言的方法不一样，但是，我想分享一些我在奥地利学语言的方式，给大家在学语言的路上一些灵感。

确保自己真的了解单词含义，而不是“背诵”

中学时期，由于在奥地利留学，我只能用很蹩脚的德文学其他外文。奥地利英文老师经常要求我们背一堆英文单词，然而这些英文单词都只有德文翻译，以我当时的德文程度来说，等同于其他同学背双倍的分量。最惨的是，因为很早就出国，所以我的中文词汇也很有限，不时就会发生就算查了中文字典，还是看不懂的窘况。

比如说，有个英文单词是“presumption of innocence”，德文相对的词是“Unschuldsvermutung”，中文叫作“无罪推论原则”，三种语言我都看不懂。经过英文老师解释后，我才知道原来这个词的意思是为了保障嫌犯受到公平审判的权利，在未经法院审判证明“确实有罪”前，必须先推断他是无罪。

渐渐地，我脑中浮起了一些想法，如果中、德、英三种语言都看不懂，硬要背起来的话，我不是在背单词，而是在背一串字母罢了。

我开始用英文辞海查英文单词、用德文辞海查德文单词，也会把原文解释抄下来，确保自己真的了解单词的意义。

再来，我发现自己单词背了很多，却不太会用。我发现背单词时，搭配例句来理解的效果非常好，便开始将此方法套用到其他的生词学习上，就算只是背简单的动词，我也不是抄词典例句，而是尝试写简单的例句。拿英文的动词“go”来说吧，我们是不是都背过第一人称还有第二人称单数复数都是用原形的“go”，第三人称单数是“goes”。我觉得，像这样“I go... ”“you go... ”“he/she goes... ”的背法十分无趣，我开始为每个人称加例句，例句里面也尽量套用自己刚学会的单词，就算只是短短的句子也好，比如说：“I go there with you.”（我跟你去那里）、“He goes to the concert. ”（他今晚去听音乐会）。

学习外语，最重要的是不要害怕说：“我听不懂。”

我接触过不少的中国留学生，许多人的脸皮都比较薄，加上我们的教育要求严格，多半不愿在他人面前示弱，所以经常有外国老师无奈地对我抱怨：跟中国学生沟通时，学生每次都说“好、好、好”“是、是、是”，之后跟学生鸡同鸭讲，才发现他们只是装懂。我也不止一次见过中国人与外国朋友或是老师说话时不断点头称是，看起来似乎都懂了，最后却又扭头过来悄声问我："他刚才说了什么啊？"

老老实实说不懂，真的没有那么严重，也没有人会笑你，这本来就不是你的母语，不懂有什么关系？如果实在拉不下脸来说自己不懂，也可以说："可以麻烦你换个方式说吗？我刚才没有完全听懂。""不好意思，你刚才说的，有些单词我听不懂，请问你想说什么？"

相信我，对方一定会想办法，用比较容易的方式让你了解。你也可以借由这个机会，把新的词汇记下来，并学习。

学习语言不该只会"读"语言，而是"听"语言

看外文电影或是剧集时，不要用中文字幕，也不要用原文字幕。因为一有字幕，我们就很容易变成"读"语言，而不是"听"语言。如果很多地方听不懂也不要灰心，重新再看一次！如果真的不懂，可以一次用中文字幕，一次用原文字幕。

此外，也要经常收看外文新闻台或是收听外文广播，重点是不要专心听，因为最主要的目的不是听懂，而是要让自己的耳朵习惯这个语言的频率以及音调。

刚开始，多半都听不懂这些新闻或广播，但是没有关系，继续让耳朵听听这些外语，有一天，你会突然发现，自己竟然可以听懂几段新闻。只要坚持就会发现听得懂的地方越来越多。

运用上下文来推测，而不是依赖词典

阅读，能够最直接了解语言承载的张力以及逻辑，进而跟这种语言建立更深刻的感情。可以请你的外语老师推荐适合你程度的书籍，或是选择你自己很想阅读的书。但也请多选择自己能够轻松阅读的，

或是自己真的很想读的作品。

有一个非常重要的步骤，请你一定要记住：

看到不懂的词不要查词典。你没看错，我是说：不要查词典。

你会问："可是这样不就看不懂了吗？"

很简单，用猜的啊！

"可是猜不出来怎么办？"

那更简单，直接跳过去！

如果你真的觉得不查词典很痛苦，可以用铅笔在字旁边做个记号（电子书现在也都有标注功能），看到一个段落结束，再回来查词典，千万不要边读边查字典。

为什么这么做？训练自己不要依赖词典，训练自己靠自己的理解能力，也训练自己根据从句子中看得懂的信息来推测句意。边读边查词典不是看书，而是在翻译！如果你在学英文，那么准备一本英英词典（或是网络英英词典），用英文查英文，尝试看看，是否看得懂英英词典里面的解释；如果看不懂，再查英汉词典。

还有一个实用的小撇步跟大家分享，在看外文原版前，找中文版来看，先让自己对于内容很熟悉，如果此书有电影版和有声书，那更好！当你很了解剧情的时候，在阅读原版时，就算遇到看不懂的生词，也能够猜出其意思。

我很喜欢阅读英国言情小说家索菲·金塞拉（Sophie Kinsella）的作品，很浪漫又无厘头，也常常有不切实际的总裁系列（男主角不用运动就有八块腹肌，明明没有工作却赚大钱、开跑车）。因为我的德文阅读能力比英文好，所以我一开始是先读德文翻译版本，再看英文原版，后来英文版看到几乎会背了，又跑去找法文翻译版本来看。老实说，我的法文程度根本没有好到这种地步，就是因为其他语言的版本都看了很多次，所以在读法文版的时候，也能够看得很顺畅。

久而久之，只要是自己很喜欢的书，我就会找不同翻译版本来看。我是个疯狂的哈利·波特迷，光“哈利·波特”系列，我就读了四种语言（英文、德文、中文、法文）的版本，我还有德文以及英文版本的有声书，用听的感觉又更加不同。

朋友得知我的阅读习惯，难免感到诧异，“这样不是很耗时间吗？”

客观来看或许是花很多时间，但是因为喜欢这些作品，所以读（听）起来完全不觉得花了很多时间。更何况，我看书几乎不查词典，看不懂就不负责任地跳过去，所以应该也没有花很多时间吧？

接触不同的语言，就是接触不同的世界

在我接触过的语言里，中文、德文、英文、法文是真的下功夫认真学过的，尤其是中文，在十三岁出国后，就是靠阅读自修。

其他学过皮毛的有日文、拉丁文、阿拉伯文、西班牙文、意大利文。这些语言，因为基本上没有使用，也早已恭恭敬敬地还给老师了。我的拉丁文现在只看得懂哈利·波特的魔咒；日文也只剩下能够问火车在哪个月台，或许还能买几个铜锣烧；西班牙文还有意大利文更惨，只足够应付菜单上的菜名；阿拉伯文就更不用说了，只剩下上中东超市购物时，跟老板说“你好”“谢谢”“再见”。虽然如此，但我还是很开心自己至少简单接触了一些不同的语言。

我相信，语言不仅是交流的工具，承载的更是不同文化圈的记忆和逻辑。接触不同的语言，也就是在接触不同的文化圈，自己的世界也会跟着大一些、宽一些。在面对不同文化的时候，也更能有同理心去面对不同的事物。

奥地利
翻转我的人生观

○学习语言，不要害怕听不懂，也不要害怕说错，勇于说出来，就是最好的练习。

○学习外语，最重要的是让自己摆脱“辅助工具”（词典），运用自己的理解力，用现有的词汇来学习。

○多样化的语言学习，不只是为了沟通，还能从中认识不同的文化。

Part 3

从生活中发展的奥地利教育

教育并不是“学校与政府”的事，而是全国人民，不论大人或小孩都该关注的事情。当我们羡慕他国的教育体制时，不妨细细地从历史、文化，以及家庭氛围深入了解。我们所羡慕的教育之路，或许也曾经被遗忘在自己的历史中。

音乐只是一种生活的休闲娱乐，与文化、历史关系不大吧？

我们这么想

VS

他们这么说

音乐就是文化的一部分，是国家应该引导与扶持的一环。

从文化与历史中培养出的音乐教育优势

奥地利在国际上打着“音乐立国”的招牌宣传，在各式各样的观光形象广告中，奥地利的首都——维也纳，也常常被称为“音乐之都”。我自己就是为了学音乐来到奥地利的，而我在这里遇到的中国留学生，大多数也是为了接受奥地利的音乐教育而来到这个国家。

让国际学生趋之若鹜的奥地利音乐学校

我的音乐求学生涯，最难忘的倒不是哪个教授教得特别好（我接触过的教授大多都很赞，但是也有遇到浑水摸鱼的教授），而是我的母校——格拉茨音乐与表演艺术大学（University for Music and Performing

Arts Graz)。它的整体环境就像一个令人心醉神迷的小世界村，有来自将近七十个国家的留学生，除此之外，就连教授、讲师、行政人员的背景也像个小联合国。尽管我们有着不同的语言、不同的文化，但是，我们都为了音乐而相聚在奥地利。

十三岁时，我以先修班学生的身份进入格拉茨音乐与表演艺术大学，这个小世界村也开阔了我的眼界。有时候，上大班课时甚至看不到奥地利学生，上课的教授不是奥地利人，学生也都见怪不怪，由此可见，学校中外国教授与学生的比例有多惊人了。不仅我的母校如此，奥地利最著名的两个城市——维也纳、萨尔茨堡（Salzburg，为奥地利第四大城市）市内的国立艺术大学，名气比我的母校格拉茨音乐与表演艺术大学大多了，每年更是拥入无数的外国留学生，他们想尽办法通过艰难的入学考试。

然而，奥地利的音乐环境到底有什么魔力，能够吸引世界各地的莘莘学子？这就得把历史的时间轴拉回数百年前了。

将维也纳打造为艺文重镇的奥地利王朝

在二十世纪成为共和制度的民主国家前，奥地利也曾是君王制国家。哈布斯堡王朝以奥地利为中心，花了几个世纪建立了跨越欧洲的帝国，现今德国、瑞士、法国、葡萄牙、罗马尼亚、黑山、波兰、乌克兰、意大利部分地区、西班牙、斯洛伐克、匈牙利、斯洛文尼亚、克罗地亚、波斯尼亚和黑塞哥维那、塞尔维亚等，都曾由哈布斯堡家族统治。

哈布斯堡皇室自视为欧洲文化龙头，一步一步将维也纳宫廷打造为欧洲艺文重镇。而音乐，就是用来炫耀国威的武器（用现代的说法，就是“软实力”）。

虽然是出于政治考量而推广音乐，但这些皇室成员也都是热情的音乐爱好者，他们撒下重金聘请欧洲各地大师级音乐家到奥地利宫廷演奏、作曲，或教导王子、公主。这种情况也大力带动了奥地利的音乐产业，大量的年轻音乐家从欧洲各地拥入，希望能够在维也纳（或奥地利其他城市）得到机会、崭露头角。

皇室对音乐的热情，也渐渐影响了其他贵族以及中产阶级出钱、出力来维持音乐活动。在这样的环境下，奥地利培养了欧洲音乐史上不少重量级的音乐家，许多音乐史上举足轻重的欧洲音乐家，都曾旅居或直接搬到奥地利。

因此，两百多年前，民间人士也联手创立维也纳最著名的音乐厅“维也纳音乐协会”（Wiener Musikverein），这栋拥有许多表演空间的建筑物。尽管今日的维也纳音乐协会也受到政府补助，但是由民间人士管理，并靠售票、拉企业赞助来维持运作的传统仍保存至今，未曾改变。

如同我居住的城市——格拉茨（Graz），人口虽然不到三十万，但是本地的音乐活动十分蓬勃，也有自己的音乐协会（Musikverein für Steiermark）。格拉茨音乐协会的音乐厅也是两百多年前由本地储蓄银行赞助建造而成的。直到今天，音乐协会依旧是纯民营，依旧每周定期邀请全世界的音乐家前来演出，是本城最重要的音乐活动推广单位。

音乐，就是奥地利人生活的一部分

奥地利是个很保守、传统、冥顽不灵的国家，有时候真的让我又好气又好笑。但是，在保存音乐家的遗物与作品、生活器具，以及传承传统文化上，我又不得不感谢和佩服奥地利的顽固。

许多数百年前的大音乐家的老家或是住所，到现在都还保留着。走在奥地利的街上，不时会看到某栋老房子外墙上有一小块牌子，写着哪位音乐家曾是这里的房客，在这里写了哪首交响曲、哪出歌剧。许多百年前的音乐会节目单，甚至手抄谱，也都被完整保存了下来，珍藏在不同的文献馆中。直到今天，还是有许多音乐学家埋首于奥地利的教堂或是贵族后代的城堡里面，挖掘并整理着几百年前的乐谱。

当初感动音乐家的许多奥地利景色，到现在都没什么改变。我个人特别倾心的景点，就是奥地利中部的乡间温泉小镇巴德伊舍（Bad Ischl），这里散发出来的奥地利氛围让我百分百折服。几百年来，这个人口不到一万五千人的小镇，不仅曾是奥地利王室的避暑胜地，还有许多奥地利的文人与音乐家也都喜欢到这里长住。

巴德伊舍的居民说着连奥地利其他市镇的居民都不太容易理解的方言，当地的妇女在街上穿着传统长裙晃来晃去，男人则穿着奥地利皮裤，看起来既自然又不矫情。很显然，传统就是他们生活的一部分。一八七〇年出生的奥地利轻歌剧作曲家弗朗兹·莱哈尔（Franz Lehar，其最为著名的作品为喜剧《风流寡妇》），就在这个小镇度过了大半生。他的住所已经成了博物馆，保留了当时作曲用的钢琴，我曾有机会弹到那架钢琴，当时的我感动不已，那架钢琴竟然被保养得非常好！

我切身感受到，奥地利的音乐文化以及笼罩在周围的氛围就是这样一路被传承下来的。一旦体会了奥地利这种独特的氛围，就会为之深深着迷。对我来说，这就是奥地利为什么能吸引如此多的音乐人前来的最深刻的原因。

奥地利
翻转我的人生观

○音乐代表的是一个国家的文化与历史，音乐文化的培养不该只是口号，而是需要每个人的传承与保存。

○国家发展不需要一味地追求现代化的设施，许多古老的传统与生活方式都值得我们细细保存。

○历史与传统，就是独一无二的文化展现，从奥地利的历史来看，我们同样可以借由这样的文化展现发展自己。

我们这么想

音乐就是要从小开始学，太晚学就没什么优势了！

VS

他们这么说

年龄与学历，都不是反对你学习音乐的原因。

不论年龄大小，都可以学音乐

在奥地利的中小学中，音乐课是一门非常重要的课。除了学校有音乐课程外，全国上下到处都有公立的“音乐学校”（Musikschule），提供音乐课程给牙牙学语的小朋友到退休的阿公、阿嬷（即“爷爷、奶奶”）学习。

“人人都可以学音乐”，可以说是奥地利音乐基础教育的核心概念。

没有城乡差距的奥地利音乐教育

在奥地利的历史中，音乐欣赏曾经是王族权贵的特权。然而，自十八世纪欧洲工业革命席卷，中产阶级慢慢崛起，音乐渐渐成为一般人“消费得起”的活动。甚至在十九世纪的欧洲，中产阶级成为支撑以及传承音乐发展的重要推手。早期，奥地利的音乐学校几乎都是由民间人士创立，许多一两百年前由民间创立的音乐学校，今日也改由政府接手，除了保障经费来源，也确保能永续运作，同时管控教师品质。

虽然名字中有“学校”一词，但是“音乐学校”并不是一种学校体系，倒有点接近“社区大学”，不过学习时间与一般学校相同，也有寒暑假以及圣诞假期。音乐学校的课程大部分包含：器乐课、声乐课、乐理课程，也有学前儿童与家长一起参加的团体课。

在奥地利，全国上下都有公立的音乐学校，规模比较大的音乐学校也会在偏远地区设立分校，因此不管在多小、多偏僻的村庄，人人都有机会可以学音乐。而且，儿童只需支付少许的学费给音乐学院（成人学费则较高一些），绝大部分的费用则由奥地利政府买单。

目前，奥地利全国上下约有三百七十所公立音乐学校，共约有二十万名学生，其中二十五岁以下的人口占绝大多数。根据统计，奥地利二十五岁以下的人口中，大约每十人就有一人参加公立音乐学校的课程（其他九人中，也有许多人在私人音乐教室或是与音乐家教学音乐）。

奥地利的音乐学校不仅是一个教育场所，更是一个举足轻重的地方文化活动主办单位。所有音乐学校一年共举办两万多场音乐会，也就是说，平均每个音乐学校一年有近六十场音乐会！为了保障音乐教育在各地区的灵活度，公立音乐学校并非由中央政府统一管理，而是依照各个联邦（Bundesland，相当于“州”或“省”的概念）的规定，可视状况调整，因此更能贴近当地人的需求，并且在第一线结合地方文化。

奥地利较大的城市也有所谓的“音乐文理高中”（Musikgymnasium），它是以音乐训练为主轴的学校。学生除进行一般中学的课程之外，还会加强音乐课程，也有管弦乐团、合唱团等活动，并且跟音乐学院或是艺术大学有密切的课程合作。

每个杰出的外国学生，都是奥地利音乐教育的活招牌

除了提供地方音乐教育给当地的学生，奥地利的音乐专科学校同样完全开放给外国学生，只要你通过艰难的入学考（以及德文考试），就有资格就读。

就算拥有引以为傲的音乐历史与文化，奥地利音乐专科学校也并没有保留名额给奥地利学生。对奥地利人来说，决定到奥地利报考的外国考生，通常都有一定的音乐基础，甚至比奥地利当地的考生还要优秀。更何况，外国学生背井离乡来参加入学考，抱着破釜沉舟的态度，比起可能还有爸妈接送陪考的奥地利考生，心境截然不同。整场入学考下来，没有任何奥地利本国学生考上的情形，不时会发生。

奥地利是一个相当注重社会福利的国家，也有“栽培学子是国家的责任”的观念。但是奥地利国立音乐艺术大学里，因为外国学生众多，也间接造成奥地利纳税人养外国学生的状况。我刚到奥地利时，大学完全免学费，只需每个学期交纳不到几百新台币（1新台币≈0.22人民币）的“奥地利学生会”（Österreische Hochschülerschaft）费用。后来，学校更改了学费的收费方式，开始收取学费，但是每学期也只需要差不多新台币一万出头的费用。今天，中国留学生属于“欧盟以外的第三国学生”，每个学期需交纳七百多欧元（按1欧元≈7.7人民币，折合人民币约五千三百九十元）的学费。

许多人不知道的是，每个音乐大学生平均每学年花掉奥地利政府两万五千至两万七千欧元（折合人民币十九万两千五百元至二十万七千九百元）的巨额款项。在奥地利，音乐系学生是继兽医系

及医学院学生，最昂贵、最消耗社会成本的学生。最主要的原因是器材购买以及维修费用相当高（每所艺术大学都有近百台的演奏钢琴、大型乐器、古乐器、好几个演奏厅、录音器材等），加上音乐艺术大学都采取小班制，以及大量的一对一课程，因此在教学成本费用上也相当可观。

我所念的格拉茨音乐与表演艺术大学，也为学生提供了各式补助。在我读书时期，每次出国去比赛、演出，或是参加大师班课程，不论有没有拿到名次（我曾经好几次去参加国际比赛没两下就被刷下来了），学校都会非常慷慨地贴补旅费以及食宿费。唯一的要求只有参加完这些活动回来要写心得报告，校长也会仔细阅读每个学生的报告内容，我还曾经收过校长读后亲笔写给我的鼓励信。

有一次，与奥地利相关教育官员聊天时，我纳闷地问："培养音乐大学的学生花费这么高，而演奏科系几乎都是外国学生，很多人念完就离开奥地利了，政府难道不觉得很不划算吗？"

然而，这位奥地利官员露出认真的表情回答："培养音乐大学的学生的确需要付出高额的代价，但是对奥地利来说，这也是一项很好的投资。第一，奥地利自视文化立国，如果不拿钱出来栽培艺术家，那么学艺术，终将成为有钱人才玩得起的消遣；第二，这些音乐家，不管是奥地利人或是外国人，到每个地方演出或工作，他就是一位奥地利音乐教育培养出来的艺术家，这不就等于是奥地利在世界各地的音乐大使吗？这样一来，也正是在把奥地利文化传播到全世界啊！"

这段话确实蛮有道理的，对奥地利的观光还有文化产业来说，没有什么比散布在全世界的音乐家更直接的形象广告了。不得不说，奥地利政府在经营国家形象上，确实很有想法。

让音乐教育，不再是“贵族”的教育

我认为，奥地利对于音乐教育的设计，最大的优点就是：学音乐是普罗大众都能负担得起的活动。

在奥地利，公立音乐学校的学费极为低廉，如果来自低收入家庭的学生还可以申请更多的补助。另外，还有一个非常实际的特点：音乐学校的正式教师等同于公家机关正式聘约的员工，生病可以请假，寒暑假也照发薪水，所以对音乐人来说也是一种保障。

但是，正因为奥地利音乐教育过于普遍，部分家长不懂得珍惜这些教育资源。有家长看准音乐学校的学费便宜，孩子下午放学又没事，于是把音乐学校视为托儿所，极不尊重学校里的老师。奥地利的音乐教育主旨是普及化，然而，相对的，学生程度也参差不齐。

尽管如此，真正选择走上音乐这条路的奥地利人，都特别吃苦耐劳。许多奥地利音乐人也都努力存钱出国去走走看看，接受其他国家的熏陶，也为奥地利的音乐发展注入新的活力。

正因为如此，奥地利的音乐家以及音乐活动，在经过了数百年后，依旧蓬勃。

奥地利
翻转我的人生观

○对奥地利来说，每一个外国学生，都是推广奥地利音乐文化的重要推手。

○年龄、学历，都不该成为阻止你学习音乐的理由。

○普及化的音乐教育与资源，才是奥地利让音乐人趋之若鹜的优势。

学业就是要照着规定走，升高中然后念大学。

我们这么想

VS

他们这么说

读书并不是人生唯一的出路，就算没有念高中，一样可以考大学。

“读书”不是学习唯一的路

我来到奥地利的第一件事就是拜师，还有准备“艺术大学”（在当时，“艺术大学”还称作“音乐暨艺术学院”）的入学考。尽管后来顺利地考上了艺术大学，但是因为年纪还小，只能以“先修班”（Vorbereitungsklasse）学生的身份入学。

学习并不是只有一条路

一般来说，要报考大学不都需要先念完高中吗？

没错！一般来说，高中毕业后才来考艺术大学的学生占多数。不过，我当时报考的“钢琴演奏系”（Konzertfach Klavier）不受这个条例限制：演奏系并不要求高中毕业文凭，只要接受完九年义务教育即具备报考资格。也就是说，只要通过入学考试，十六岁便可以成为正式的大学生（相当于初中毕业、高中一年级的学生）。

若想在十六岁前报考艺术大学，只要有指导教授看中你的潜能，肯收你，并且通过艺术大学入学考，就能够以“先修班”学生的身份进入大学。所以，在奥地利的大学里面，就有一些像我这样年纪轻轻就进来的小朋友。当时的我十三岁，但是学校里居然还有年纪比我更小的学生。我遇到年纪最小的艺术大学学生只有八岁，他进入的就是俗称的“神童班”，对六岁以上具有高度天分的孩子开放就读。

为了栽培音乐新秀，奥地利政府在教育制度方面下了很多功夫。尽管现在的制度跟二十多年前（我入学的时候）相比有了许多差别，但也更加完善，学历制度也做了非常大的调整。但是，让有天分的孩子及早接受正统音乐训练的核心概念，始终如一。

不需要高中文凭就可以上大学修音乐，甚至小学生就可以上艺术大学接受训练等，也传达出奥地利对于教育的观念：读书，不是唯一的路，如果你决定要专心一致发展个人的音乐潜能，政府也会想办法提供具体的框架给你。

不少在奥地利完成学业的音乐人，便是放弃了一般的高中学业，一心一意走音乐这条路。这是一个破釜沉舟的决定，因为赌注极大，如果遇到无法突破的瓶颈而无法从大学毕业的话，那么，就只有初中学历。我认识的多位音乐朋友都是抱着这样的觉悟，毅然决然地投入到音乐这块领域，且绝大多数的人现在都还在各地发光发亮，成为受人尊敬的老师，并且努力传承着音乐。由此可见，读书绝对不是人生唯一的路！

只要有兴趣，就可以多方尝试

如果状况反过来呢？一个学音乐的人也很喜欢念书呢？当然也可以！在奥地利，你也可以同时发展不同的兴趣。我在念艺术大学的时候，也同时进入当地的中学学校。这样的学习方式非常不轻松，上午，我必须在中学与同年纪的友人嘻嘻哈哈，下午却必须跟一群年纪比我大的大学生一起修课，晚上回到家就是练琴，还要拼命学习德文。在高中毕业后的隔年，我也从艺术大学毕业，并且拿到了演奏文凭（相当于现在的学士）。这时候，我心里萌起了想要到其他大学修课的欲望。在奥地利，你常会看到同时念好几个截然不同科系的人。因为对奥地利人来说，只要你应付得来，想念多少科系都可以。

我多年的音乐伙伴佩特拉·慕思曲（Petra Music）可以说是天才中的天才，她在大学时期同时念了“德语文学”“长笛演奏”以及“长笛教学”三个科系，可以说是能文能武。她还曾经在美国念长笛演奏博士学位，同时在奥地利念德文系硕士，像空中飞人一样在大西洋两边奔波。

我的另一位学长则同时念医学系还有大提琴演奏系，现在已经出来自己开业诊治病患，但仍然不时兼教学生大提琴、开音乐会。奥地利文化界著名的网络工程师玛格达蕾娜·卡尔（Magdalena Kahr），就曾在应用科技大学念“信息设计”还有“媒体设计”时，一面还在音乐学院念“竖琴演奏”。玛格达蕾娜与我在多媒体业界是合作伙伴，我们也不时以竖琴钢琴二重奏的身份共同演出。

就连我的母校——格拉茨音乐与表演艺术大学，前任校长格奥尔格·舒尔茨（Georg Schulz），除了是从艺术大学毕业的手风琴演奏家，同时也是一位化学博士！在奥地利，同时念多个科系的情景相当普遍，也很正常，因为对奥地利人来说，只要有兴趣，就可以尝试并且挑战自己。

我也有过疯狂念不同科系的日子，在两所大学念四个科系：在艺术大学念“钢琴演奏”和“器乐教育”，在综合大学念“语言学”和“音乐学”。尽管念了四个不同科系，却没有在经济上造成额外的负担，因为在奥地利国立大学体系里面，不论你念几个科系或是几所大学，都只需要交纳一次学费。在奥地利，人们普遍认为“教育是政府的责任”，所以学生要负担的学费极低廉。当时，我每学期只交纳约新台币一万元（折合人民币约二千二百元）的学费，就可以在两所大学内修四个科系。

不过，我只念了两年语言学还有音乐学，就因为考试成绩不尽理想，灰头土脸地放弃了，后来也放弃了钢琴独奏的硕士班。原以为自己可以掌控四个科系，最后却搞得自己鼻青脸肿，只勉强念完器乐教育的硕士。

虽然我在综合大学的成绩都很差（好几个科目考了两三次才勉强及格），语言学和音乐学都没有毕业，但是语言学给了我从不同角度分析语言构造、语言逻辑的能力，教授与同学对语言的热情给了我无穷无尽的启发。在音乐学遇到的教授都拥有考古学家般的谨慎态度，当时的系主任也是一位物理学家，我从他身上学到了科学思考、用理智冷静的态度看待音乐这门感性的科目。就算没有完成这两个学科的学业，但是那两年的学习仍然不断影响我的思考与未来，完全没有虚度光阴。

教育，应该让学生尝试多元的环境，找到属于自己的路

后来，我考上了“室内乐学系”硕士班，这是一门必须与他人合奏的科系。我这时候才真正发现，这门科系非常符合我的个性！从小到大，我都非常不喜欢一个人坐在舞台上表演，也不喜欢钢琴独奏，而是喜欢管弦乐团在旁伴奏的感觉，喜欢跟别人平起平坐地玩音乐。

不过，不少钢琴系的同学对我选择的科系都保持不以为然的态度，

因为当时的学院派认为:“只有‘混不下去的’钢琴家才会‘屈就’于室内乐学系。”我也是当时唯一报考室内乐学系硕士班的钢琴演奏学生,后来,以风光姿态毕业的时候,我的教授偷偷跟我说:“其实在入学考的时候,你的表现并不好,评审团对你的印象非常差,但是如果不让你考上,硕士班就无法开课,只好勉强让你还有你的伙伴考上!”

在奥地利的求学生涯中,我也曾经跌跌撞撞,但是也从中得到一生受用的知识以及观念。教育,应该要让人成长,也必须为学生提供各种可能性。身为学生也必须具备勇气,尝试各种不同的道路,直到找到自己想要的为止。或许,正是奥地利教育的这种观念,让学生能更有勇气挑战自己的能力,让学生勇于尝试与创新。

奥地利

翻转我的人生观

○念书不一定是成就未来的唯一道路，只要有能力，不论年龄大小，都可以找到自己专精的道路。

○教育是提供给学生多元的环境去尝试，让其从学习的旅途中找到自己的定位，并且勇于挑战自己。

○给学生尝试犯错的机会，才是培养其创新与勇气的关键。

学音乐，是为了让孩子更有气质，也可以让孩子多一项才艺。

我们这么想

VS

他们这么说

音乐是生活的调剂与心灵的支柱，而不是父母用来炫耀的才艺。

学音乐并不是为了多一项技能，而是让其成为生活的一部分

我从读书时期开始当钢琴家教，到后来被中学母校招揽，教了五六年的音乐，也曾在维也纳教书几年，共累积了近二十年的教学经验。前前后后，我也教了上百个奥地利小朋友和成年人。学生背景应有尽有，从家里像城堡还得摇铃叫仆人的富家子弟到咬牙兼职好几份工作的单亲妈妈……但是，在奥地利，你可以看到：不论你的背景如何，音乐都是奥地利生活的一部分。

学音乐，就要让它成为生活的一部分

与学生以及家长互动多年，我发觉，奥地利人学音乐的原因都挺单纯的，就是“把学习音乐当作生活的调剂和心灵的支柱，以及开拓自己想象力的方式”。我遇到的许多奥地利家长，除了极少数会要求我的教学方式以外，绝大多数的奥地利家长都非常尊重我的教法：完全不在乎学生是否很厉害、去参加音乐大赛是否能获奖，但是非常在乎音乐

是否能真正成为生活的一部分。

我也会收到家长暖暖的回应，说："工作回到家很累，但是一听到孩子练琴的美妙琴声，整个疲劳就消了一大半了。"也有家长幽默地说："看到孩子兴奋地弹钢琴，就觉得钢琴学费花得很值得啊！"

有一年，我有几个钢琴课的学生同时升上高三，课业压力不轻，我心疼地开口建议："不然就暂停钢琴课好了。"但是，这些学生反而不领情，跟我说："就是因为课业压力大，所以才想要来上钢琴课啊。只有弹钢琴的时候，心情才会安定下来。"

也有许多家长从"只是接送孩子学钢琴"，到后来"自己鼓起勇气来学钢琴"。有家长还说："不练琴还会被孩子骂呢！"家长叮咛孩子练琴时，甚至会出现："妈妈你还敢说我，你自己练得比我还少哎！"

许多奥地利成年人来学钢琴的原因，多半是小时候没有机会学，想要为自己圆梦。我也有不少学生是在退休后才来学钢琴的，同样也学得有模有样！年龄，并不是阻挡奥地利人学习音乐的理由。

学习音乐是一件美好的事，而不是让父母用来炫耀的技能

然而，奥地利其实也有虎爸、虎妈，且多半来自高知识的中产阶级家庭。这些孩子来到我这里学音乐就像在打仗。除了密集的乐器课程外，家长还会请家教天天到家里"陪练"（在家里陪孩子练习各式各样的乐器）。我也遇到过身为贵族后代的奥地利家长，在这样的家庭里面，吸收音乐知识不见得是喜欢音乐，而常常是为了表现出"上流社会懂得欣赏高级艺术"的形象。

我曾遇到一个心思十分细腻的学生，我们姑且叫她安妮吧！当时她不到十岁，除了学钢琴以外还要学芭蕾、马术、礼仪、网球。她的钢

琴之路走得并不顺利，换了几个钢琴老师后，她的爸妈找上了我。

我很快就发现，安妮并没有弹琴的动力，我看了看她目前弹过的曲目，发现都是艰深难懂的古典乐曲，完全超出安妮本身的程度。在我小心翼翼地套问之下才知道，这些曲子都是她爸妈挑选的。于是，我先换掉了这些过难的曲子，从简单的开始。

尽管如此，安妮仍然学得非常吃力，我问："你是不是不喜欢这些曲子？"她看着我，眼眶浮现了泪水。安妮抽抽噎噎地对我坦承，她好想弹一些电影配乐或是流行音乐，但是爸爸总是骂她，说："这些东西完全没有格调、不入流，我们家的孩子不可以弹这种东西！"

我跟安妮的父母沟通了很久，他们这才勉强"恩准"她弹想弹的曲子。从此之后，安妮的态度有很大改变，开始主动练琴，爸妈也吓了一跳。而且，有些电影配乐的弹奏技巧其实并不容易，需要古典乐的基础来支撑，因此，安妮也愿意开始练一些原先让她觉得很痛苦的练习曲。后来，安妮父母那种什么都要达到上流社会要求的紧绷状态，也渐渐放松下来。

有一次，安妮告诉我，她想弹美国流行歌手泰勒·斯威夫特（Taylor Swift）的歌曲，一首叙述女儿对爸爸感恩与爱意的歌曲《完美的一天》（*The Best Day*）。我本来有点担心她那严肃的父亲会反对，但还是硬着头皮陪她练习。隔一个礼拜再上课时，安妮很兴奋地告诉我，她鼓起勇气自弹自唱请爸爸欣赏，安妮的爸爸听完后，不但没有骂没格调、不入流，反而还感动得涨红了脸。

学习音乐，是为了丰富我们的心灵，挖掘音乐世界的美好

在艺术大学修"钢琴教学法"课程时，教授在第一堂课上对我们

说的话，至今一直是我心中的准则。她说：“我们学的是音乐，是一件美好的事物。现代人这么忙碌，每个礼拜跟同一个人坐下来，一对一相处一个小时，不做其他事，一起挖掘音乐的美好，这是多么珍贵的机会。我希望你们在教学的时候，千万不要忘记这件事情。”这段话，太值得细细品味了！当我遇到调皮捣蛋的学生、不练琴又理由一大堆的学生、咄咄逼人的家长时，因为教授的这段话不断地支持着我对音乐学习的感动，使我能心平气和地面对这些教学上的挑战。

我也相信，“让孩子学音乐”不应该是用来让家长炫耀的，更不应该是为了满足家长的成就感、虚荣心的。但是，音乐绝对是家长能够给予孩子的一股温暖又强大的力量。这股力量一旦在孩子心中扎了根，任谁也拿不走。

在人生中，我们得面对的问题以及挑战实在太多了。而音乐，是让我们的心灵更加稳定的最好方式；也因为音乐，我们的心灵得以更加柔软。

奥地利
翻转我的人生观

○不论年龄多大，都不能阻挡奥地利人对于学习音乐的热情。

○对奥地利人来说，音乐是生活的一部分，可以让他们的心灵富足，也更加柔软。

○学习音乐并不是让孩子增加一项才艺，而是让孩子沉浸在音乐带来的美好中。

谦虚是种美德。

我们这么想

VS

他们这么说

当别人赞美你的时候，开心地回答“谢谢”，并不代表骄傲，而是谢谢别人愿意给你赞美。

赞美文化，让孩子自信、大方

我来自“人人要保持谦逊”的文化背景之国，受到称赞的时候，自然而然就会露出自己受之有愧的样子，并且马上否认：“没有啦！”“哪里！”“没这么好啦！”之类的客套话。否认后，随即还得更进一步地贬低自己，恨不得赶快澄清“自己完全没有资格得到这样的称赞”。

“好在哪里！还差得远呢！”“只是好运啦，要不然怎么做得到啊！”“拜托，我其实很烂好不好！”

面对称赞时要赶快否决自己，不可以因为他人赞美而得意自满，对我来说是天经地义的。然而，到了奥地利后，发现同学以及老师在面对赞美时的态度，跟我从小所学的竟然完全不一样！

以正面态度面对赞美，是稀松平常的奥地利生活文化

有一天，有位奥地利同学看到我，笑着赞美我今天头发很漂亮，我

下意识地马上回答她:“哪有啊！丑死了啦！”她当场脸色一僵,转身就走了。她这样的举动把我吓到了,完全不知道自己做错了什么,非常不安。

后来,这位奥地利同学情绪平静下来,过来跟我说:“你有没有发现,每次其他人跟你说你哪里好,你第一个反应就是否决别人呢？你知道,这样很像甩人家一巴掌吗？就像上次德文老师说你的文章写得很好,你竟然劈头就跟老师说‘可是我觉得自己还需要更努力’。难道,你的意思是说,你比老师更能判断你的文章好坏吗？像我真心觉得你头发漂亮,你跟我说‘哪有,丑死了！’所以你的意思是说,我的审美有问题吗？”

我不太服气,反驳她说:“可是我真的觉得很丑啊！我这样老实告诉你,难道不对吗？”

奥地利同学想了一下,回答:“可是我觉得好看啊！你的第一个反应就是回我‘丑死了’,真的让我觉得很受伤。而且你的口气非常让人不舒服,就像在责怪我！”

“你觉得我在责怪你？”我诧异地问。

“是啊,其实好几次我都有这样的感觉！”她有点委屈地说,“难道你都没有发现,你常常口气很硬地反驳别人给你的称赞吗？”

不然我该怎么回应？这句话卡在喉咙里面,我想问,却拉不下脸来问,只好自己注意奥地利老师与同学的互动。

有一天,一位同学带了全家去滑雪的相片到学校。我不会滑雪,当然也好奇地凑过去看。这时,一位老师经过,看了照片一眼,说:“你滑雪的姿势非常正确,也很漂亮呢！”

这位同学听了眼睛一亮,毫不犹豫地回应:“谢谢老师的赞美。”声音十分响亮，让一旁的我都吓一大跳。

奥地利老师的回应更让我讶异，她微笑、简单地回应："不客气。"就走开了。

这一幕在我脑中"啪"的一声打开了电灯泡。

原来，赞美以及回应赞美，可以这样稀松平常啊！

受到他人称赞，就像收到一束鲜花般让人开心

不管是被赞美"同学，你今天的裙子很美丽噢"或是"作业写得很好""考试成绩又进步了"，我的奥地利同学都会大方地直视老师，清清楚楚地说："谢谢您的称赞。"奥地利学校非常注重晚辈对于长辈的应对进退，我们跟老师必须全程用敬语"您"，而且一定要口齿清晰。

有时候，同学也会因为老师的赞美而感到不好意思，不过依然会非常有礼地感谢老师的称赞，然后跟老师说自己觉得还有进步的空间。这时候，老师也会先倾听同学的看法，然后解释：为什么同学值得被称赞。

甚至，奥地利同学也会反过来称赞老师，我就看过奥地利同学在下课后，不吝啬地直接赞美老师："老师，您今天上课内容真的太赞了，我终于搞懂这个内容了！"这时候，老师也会开心地回应："谢谢你的赞美！"

我也学到一句用来回应他人称赞的德文俚语："Danke für die Blumen!"这句话字面上的意思就是："谢谢（你给我的）这些花！"这句话完全表现出德语文化中面对称赞的正面态度。当我们受到他人称赞的时候，就好像收到了一大束香气满溢的花。

赞美文化，从与父母之间的互动开始培养

跟奥地利同学感情比较好之后，我开始会被邀请到同学家里吃饭。我总是非常好奇同学与家人的互动模式，尽管每个家庭都不太一样，有的家庭较拘谨，有的家庭较大而化之。但是我常常发现：不同的家庭，孩子在吃饭的时候，居然都会跟爸妈说："谢谢，好好吃噢！""谢谢妈妈（爸爸）煮饭！"家长也会笑眯眯地对孩子说："不客气！"

刚开始，我心想：这样会不会太客套了一点啊？干吗要跟爸妈谢来谢去的呢？

接触过几次这样的场景，我的想法开始改变了。孩子吃到好吃的，开口赞美爸妈，也让爸妈感到开心。这样的气氛真的很好呢！而且，做饭不是爸妈的义务，煮饭给孩子吃，是希望给孩子营养的餐点。向做菜的爸妈表达敬意以及感激，是最简单表达感谢的方式！而且，餐桌上最美味的，绝对是充满爱心的饭菜，当然值得被称赞！

赞美他人还有面对赞美，都是值得我们学习的一堂课

我花了非常久的时间才了解，当别人赞美你的时候，开心地回答谢谢，并不代表骄傲，而是谢谢别人愿意给你赞美。别人真心赞美你，你当然也应该真心地接受称赞。我们收到礼物，不也会因为对方的心意感到感激及感动吗？收到礼物就一口回绝，确实是伤人的。我们听到他人赞美，心里明明就很高兴，或是心情受到鼓舞，为什么不能老老实实地说声"谢谢"呢？为什么还要表现出自己很不屑自己的样子呢？

我发现，当自己开始用正面的态度面对赞美后，渐渐地，也会用正面的态度去看他人，也越来越不吝于称赞他人。当你用这样坦然的态度去面对赞美后，你也会越来越喜欢自己、越来越相信自己值得被称赞！

奥地利

翻转我的人生观

○接受别人的赞美并不是自负，而是谢谢别人愿意给你赞美。

○赞美文化，就从父母与孩子的日常生活中培养。

○坦然地接受并感谢他人的赞美，也可以让自己看见更正面的世界。

我们这么想

高中就是好好读书，等考上大学就会有很多舞会与社团。

VS

他们这么说

高中毕业舞会，就是让学生了解自己“已经成年”，学会对自己负责。

毕业舞会不只是玩乐，而是最值得纪念的“成年礼”

听到“高中毕业舞会”，大家第一个联想到的，可能是美国青春校园片的场景——害羞的女主角穿得像个小公主，男主角则是西装笔挺，最后还会跟女主角在水晶灯下来个纯情的一吻，一起载歌载舞一番。

奥地利也有高中毕业舞会，性质跟我们看到的美国电影不太一样，但是也有相同的地方：女孩子真的都会打扮得像公主，男生则会穿三件式西装或燕尾服，大家载歌载舞的场景也有，不时也会有纯情的一吻。

在奥地利，高中毕业舞会具有非常重要的社交意义，也被视为年轻人的“成年礼”，以及正式进入社交圈的仪式。整个策划过程中，毕业舞会不仅仅是玩乐，还是组织力、合作力、企划力的实际练习。

参加高中毕业舞会，让学生了解到“自己是个大人了”

首先，我先来解释一下奥地利的舞会传统。奥地利的“舞会季”

（Ballsaison）从每年冬天的十一月十一日开始，一直到隔年二月或三月的“狂欢节”（Faschingsdienstag，本为民间习俗，为庆祝冬季的结束和春天的来临，后来演变为罗马天主教徒的习俗）。这天过后，罗马天主教徒就必须静下心，进行共四十六天的大斋期（基督教教会年历一个节期，天主教徒以斋戒、施舍、克己、刻苦等方式，补赎人类的罪恶，并且准备庆祝耶稣基督死而复活），节制饮食和玩乐，直到“复活节”（Ostersonntag）。

“复活节”对虔诚的天主教徒来说，比十二月二十五日的圣诞节还要来得重要。因为圣诞节只是耶稣诞生，而复活节则是纪念耶稣为了人类而死，被钉在十字架三天后，神迹产生而复活。这个节日每年的日期都不相同，计算方式非常复杂（四世纪，教会会议决定不再沿用犹太历，于是复活节定在每年春分月圆后第一个星期日）。每年的复活节多半在三月底到四月中旬之间，往前推算四十六天，就是舞会季的最后一天。

在短短三到四个月的舞会季中，光是在奥地利首都维也纳，就有超过四百五十场规模不等的社交舞会，全国上下的舞会加起来上千场，有各式各样的主题，各行各业的团体也会办舞会，比如说“警察舞会”“蛋糕师傅舞会”“园艺家舞会”等，舞会季对奥地利人来说，完全就是生活文化的一部分。

奥地利的舞会传统已经超过两百年，俨然成为一项文化产业，也成功地带动周边经济发展。门票、音乐演出（我自己就经常在舞会季中的舞会演出，表演完后再进到舞池狂欢）、礼服珠宝租售、舞蹈课程、场地租借、公关企划、花卉布置、美容美发产业等，每年都有大量的观光客慕名而来，甚至也带动了奥地利的观光产业。其中，在“奥地利国家歌剧院”举行的“维也纳歌剧院舞会”（Wiener Opernball），为奥地利传统舞会季中的高潮，包含总统、总理在内，国家和地方政府首长都会出席。整场舞会一共约有五千名舞会来宾参与，工作以及演出人员更高达两千人。这场舞会的产值超过三百万欧元（折合人民币两千三百万元），全国上下有五十家以上的公司行号参与准备工作。奥地利国家电视台会在现场实况转播，各国电视台也会派记者前来采访，是奥地利相当重要的活动。

因此，对奥地利人来说，高中毕业舞会就是让年轻学生了解：自己已经成年，可以加入大人的活动了。

从经费到整个活动筹备，都由学生自己负担的高中毕业舞会

在舞会季中，最让年轻人兴奋的就是“高中毕业舞会”（Maturaball）了，就德文字面上的意思，“高中毕业舞会”也可以称为“成熟舞会”。若将“Maturaball”拆解，“Matura”源自拉丁文，也是奥地利高中毕业考的名字，意思是“成熟考试”。考过了，代表你“转大人”了！毕业考是在八年级下学期（奥地利中学一年级相当于我们的小学五年级，因此中学八年级则相当于我们的高三）的三月到五月之间。

各个学校的高中毕业舞会都在毕业考之前的舞会季（十一月到次年二月）举行，而不是毕业考通过后才举行的庆祝活动。因为舞会必须落在传统的奥地利舞会季里，而且筹备整个舞会实在太消耗体力及精神，根本不可能好好静下心来念书、冲刺、准备毕业考，所以，大多数的奥地利中学八年级学生，都会希望“毕业舞会越早举行越好”！

此外，也不见得大家都会通过毕业考，得以顺利毕业。就算没有通过考试，至少还可以拥有美好的毕业舞会回忆。

或许你会问:“高中毕业舞会不是学校办的吗？为什么要花这么多精力去准备？”不,在奥地利,每所高中的高中毕业舞会全程由学生自己筹备,场地也得自己去接洽。

我在奥地利念的是女校,年纪小的学妹都要到当年的毕业舞会观摩和帮忙。与我同年纪的同学发现:每一年的高中毕业舞会,都是在城里一个老旧的社交厅举办,一点都不奢华优雅,完全不符合我们的想象。

当时,我们这一届的学生投票决定,要租借城里最大、最豪华也最贵的场地来举办我们自己的高中毕业舞会,把整栋建筑物四五个厅统统租下来。当时,一晚的租金约要新台币四十万(折合人民币约八万八千元)。是的,你没有看错,就是四十万！学校老师以及许多家长都反对我们的想法,说我们好高骛远。但是,我们仍然坚持,就是要在这里办!

于是,每班推选出的高中毕业舞会委员,共同组成了一个“舞会委员会”,统筹所有事务。我们也都乖乖地每个月交班费,当作舞会基金。

当时,我们这一届共有三个班,一开始,全年级加起来共有八十到九十人,后来,留级的留级、转学的转学,最后只剩下六十来位学生,经济压力非常大。

毕业舞会的开销当然不只有场地租金,还有演出的音乐团体(至少三团)、大量的服务生(每位毕业生都会订桌,让亲友可以在跳舞之余聚在一起用餐)、安保人员(防止有人酒醉闹事)、保险费(场地有造价昂贵的水晶灯、百年历史的雕像、进口的红地毯,都是弄坏我们也赔不起的高级品,所以忍痛买了昂贵的保险)、餐具及餐桌布置(这是正式社交舞会，不可能拿园游会用的廉价免洗餐具）、国标舞老师编舞以及排练费用、余兴节目道具服饰租借（为了午夜零点的表演，我们班还去剧院租了修女服大跳街舞，让好多老师气得脸色铁青）。

除此之外，还有其他数不清的费用，例如：毕业舞会通常是玩通宵的，晚上七点左右开始入场、八点半开舞，场地主厅跳国标舞，副厅则有迪斯科或是爵士乐，半夜两点左右再到酒吧续摊（所以得包下整间酒吧），早上再一起到高级旅馆吃附有香槟的"香槟早餐"（Sektfrühstück），都是大家得共同承担的开销。最后，还有个人开销，如礼服及舞鞋、美姿美仪班、舞蹈课的费用，加上当天的发型、化妆、配饰等，可以说是名副其实的全副"舞"装啊！光靠每个月杀扑满（即"从储蓄罐里取钱"）交班费根本不够，只能自己想办法赚钱。

为了筹措经费，毕业舞会上会卖一本介绍所有毕业生、各科老师、班上趣事的舞会校刊，校刊后面保留了很多页面给广告商。于是我鼓起勇气，跑去琴行拉广告，还好和蔼可亲的琴行老板非常支持我们的活动，真的买下版面刊登广告！

舞会校刊中，每一位同学都会有一整页的介绍，搭配相片还有可爱的图片。因为我喜欢画漫画，所以舞会筹备委员长直接把画插图的工作丢给我。我们也开始到处收集礼物，请赞助商捐赠产品，让我们在舞会上卖彩券。当时，我们募到的头奖还是出国旅游的来回机票呢！

一场毕业舞会，来宾人数至少两千人，因此最重要的收入来源就是入场券。为了让收支平衡，我们会到处请亲朋好友捧场买预售票（一张约新台币八九百元，折合人民币约一百七十六元至一百九十八元之间），且所有餐桌的位置都必须提前预订，一个位置就要新台币三百元左右，折合人民币约六十六元（当天的餐点与饮品则另外收费）。当时，有一位同学一口气订下三十多个餐位，因为她的亲戚全部都会盛装出席。学妹也为我们的毕业舞会制作蛋糕，当天会到场帮我们贩卖甜点，我们这些学姐也毫不心软地支使她们做事（想当初，我们也是被前几届的学姐支使过啊）。

我们也举办了“玫瑰皇后”（Rosenkönigin）游戏，请来宾买玫瑰花给毕业生，获得最多玫瑰花的女孩会成为当晚的玫瑰皇后，并且上台获得后冠呢！当晚，隔壁班一位大美女拿到了一百多朵玫瑰（一半以上是男友买的），顺利登上后座。其实，我们并不在意谁成为玫瑰皇后，最重要的还是卖玫瑰带来的财源啊！

最后结算，扣掉所有的花费，我们还净赚约二十万新台币（折合人民币约四万四千元）。于是当届共六十几位的毕业生，每人还分到约三千元新台币（折合人民币约六百六十元）呢！一场事前没有人看好的毕业舞会，最后也让校方心服口服！接下来每一届学妹也都在这个场地举办毕业舞会，每次去参加，我总忍不住提当年勇：“就是因为我们走在前面铺路啊！”

高中的“成熟舞会”，代表有女初长成的深层意义

我的高中同学不少都已经有男朋友，能风光地让男朋友当毕业舞会舞伴。就算没有男朋友，也有堂、表兄弟可以当舞伴。我没有男友，也没有堂、表兄弟在奥地利，于是同学就帮我找了一个当时在念工专的跳舞高手担任我的舞伴。

依照奥地利传统，开幕舞后，女孩的第一支华尔兹的舞伴必须是自己的爸爸。我的爸爸并没有来参加我的毕业舞会，只能由妈妈代表

出席。当时的我还不太了解舞会在奥地利的深层含义，单纯觉得“妈妈来就够了啊”，而且，就算爸爸来了，这个害羞严谨的屏东爸爸也不会跳国标舞啊！但是，一听到我的爸爸没有来跟我一起开舞，我在奥地利的第一个德文家教老师比我还紧张，还特地交代她的老公陪我开舞。所以，我在毕业舞会上的第一支舞，是师丈带的。

对奥地利人来说，毕业舞会也代表“有女初长成”的喜悦。爸爸必须陪女儿跳第一支舞，然后再把女儿的手交给来邀舞的绅士。这个动作代表了“正式将女儿介绍给社交界”，也代表爸爸放手，让女儿踏入社会成为大人的第一步。在奥地利，高中毕业舞会的德文名称“成熟舞会”，蕴含的意义极为重大。

充满青春回忆的毕业舞会，是每个人最美的回忆

为了毕业舞会当天的开幕舞，我们请到一位奥地利前国标舞国手来为我们编开幕舞。全部的同学加上舞伴有将近一百三十人，她依照我们的特质还有舞会主题（我们的舞会主题是：“我们看起来像天使，可我们是披着装扮的恶魔”）为我们安排了开幕舞。

五十多位同学穿着传统白色礼服，搭配白手套以及小捧花，与穿着燕尾服的舞伴跳优雅的维也纳华尔兹；剩下的几位女生则穿红色系紧身高衩的礼服，还得穿吊带袜，搭配一身黑色绑红色腰带的男舞伴。穿着红色舞衣的舞者必须从白色舞者间钻出来，跳冶艳的曼波舞（Mambo），最后红白两组一起结束舞蹈。

我选了红色的舞衣，编舞老师眼睛都亮了，因为我外表显眼（唯一的东方人），加上我的舞伴跳舞功力根本是专业舞者的水平（可以掩饰我的笨拙），所以就把我们两个放在整个队伍的正中央。舞会开幕时，

好几位老师看到平日体育成绩很差的我竟然站在正中央带舞，都傻眼了。

开幕舞后，我换上一袭蓝色的晚礼服（这套晚礼服还是同学的妈妈为我缝制的）。隔壁班同学的男朋友，带了一个帅气的奥地利男生来跟我搭讪，他问我：“你是不是开幕时候，穿红衣服开舞的女生？”我不好意思地点点头。

后来，舞会结束，我换上休闲牛仔裤还有球鞋，准备散步去酒吧续摊时，这个男生慢条斯理地踱步到我的身旁，到了酒吧，也顺其自然地在我旁边坐下。其他女孩看到这个状况还一直对我使眼色，我害羞得脸都红了。

我跟这个奥地利男孩局促地坐在角落，酒吧的音乐很吵，我们也只是安安静静地挨着肩膀坐着，他的呼吸吹在我的脸颊上。后来，他试探性地碰了碰我的手，我没有收回，就被握着了。

他提议到酒吧外面透透气，在安静的小巷子里，我们对看着、呆呆地傻笑着。我背靠在墙角，仰望着他，冬天的夜晚，月光洒在我们身上，温度大约在零摄氏度，我们呼出来的都是白雾，还有期盼。

天啊！比我看过的美国青春爱情片还要浪漫好几倍啊！

不过，这场舞会恋情来得快，去得也快。后来，我们出去约会了几次，可是舞会当天的魔力却不再现，便淡淡地结束了。高中毕业舞会，真的是充满青春气息的回忆啊！

奥地利
翻转我的人生观

○毕业舞会除了让学生在毕业前留下美好的回忆，同样是让学生尝试自己规划、筹办、组织、分工合作的重要一环。

○借由毕业舞会，让学生感受到自己已经成年，进入到大人的世界。

Part 4

每个孩子，都需要一个永不放弃他的大人

青春期的孩子就像那翩翩飞舞的蝴蝶，美丽而脆弱。我们都担心孩子误入歧途，也害怕孩子错失了他的未来。然而，这些美丽的蝴蝶需要的是大人的陪伴与关怀，而不是逼迫他们走向我们规划的道路，破坏他们那双美丽的翅膀。

我们这么想

老师的责任，就是把知识教给下一代，并督促学生的成绩品行。

VS

他们这么说

老师的责任，是要相信学生，并在他遇到困境时，陪他渡过难关。

老师与父母的支持和陪伴，带我走出了青春谷底

十三岁时，我进入奥地利音乐艺术大学钢琴先修班。虽然德语还说不出几句，但当时的我自我意识极强，不时挑战钢琴教授的权威，也不依照他的要求按部就班地练琴，学习成绩非常差。在他们下一个学年，我就被逐出师门，也就等于被大学退学了。

每一位老师，都可以拯救一颗年轻的心

我灰头土脸地被踢出艺术大学后，还好有一位赏识我（我想，或许同情的成分比较多）的钢琴老师决定收留我，让我考进了程度比音乐艺术大学低许多的州立音乐学院。因为她身上总是散发着高级香水的

香味，大家总是昵称她为——香水老师。香水老师散发着一股“我相信你做得到”的能量，对我态度非常严厉，不让我自怨自艾，陪着我一砖一瓦地重新打基础。没多久，新学校让我代表校方外出演出，也让我渐渐重拾信心。

然而，当时的我并不知道：香水老师已在为我铺路，希望能够让我早日重返音乐艺术大学。一年后，她瞒着我邀请我之前在音乐艺术大学的钢琴教授来听我的演出。尽管教授在演奏会后没说什么，但是没过多久，就打电话给香水老师，简单吩咐：“叫佳恬回来上课，重新准备入学考。”十六岁那年，也就是被钢琴教授踢出门后的两年，我重新考上了音乐艺术大学，再度回到钢琴教授的门下。

因为师长与父母的扶持，让几乎要被退学的我得到重生

高中时期的我，低估了自己所要面对的状况：同时就读中学以及大学的课业压力，加上夹在不同文化中间的冲击，还有在寄宿家庭中、学校里都格格不入的感受，想家的煎熬。我的内心就像一只煮沸的热水壶，濒临爆炸。

于是，我开始挑战师长的耐心。高中阶段后期，我可以在“美工”或是“音乐”两个科目中二选一学习，最后，我选了“美工”。从此，在我高中的学习科目里就没有音乐课了，高中毕业考也就无法选择考音乐，这让学校老师大失所望（因为许多高中老师都很期待我在毕业考时弹钢琴）。

当时，高中校长把我叫去谈话，劈头就问：“为什么不选音乐？”

“我已经在大学修音乐了，为什么还要在中学上这么简单的音乐课？”我伶牙俐齿地回应。

“你这是什么意思？你以为上了音乐艺术大学，中学的音乐课就教不了你了吗？”

我就是这样想的！但是，我意识到校长的头上快要开始冒烟，便改口说：“我喜欢美工，为什么不能选这个？”

中学校长冷冷地回我：“这不是真正的原因吧？其实，你觉得中学音乐老师没有资格教你了吧？”

在中学里，确实没有任何音乐老师的钢琴弹得比我好。我挑衅地说：“难道您希望我选音乐课，教音乐老师如何弹好钢琴吗？”中学校长脸色铁青，把我轰出了校长室。

我开始逃避、不想去中学、开始翘课（即“旷课”），但是因为我还是会交作业、成绩也依旧名列前茅，学校没有惩罚我的施力点，于是我越来越嚣张。曾经，我有一个学期翘了快三百堂课（据说至今没有人打破这个纪录），成绩也一落千丈。我甚至翘掉长达三堂课的德文月考，德文老师甚至花了很多的工夫跟同事调了三堂课，只是为了帮我一个人补考。但是，当时的我完全不感激德文老师的心意，还直接放老师鸽子。于是，校方彻底被我激怒了，打算让我退学。

消息传回台湾，爸妈大为震惊：怎么才过了两年，女儿就沦落到要被退学的地步？妈妈赶来奥地利，跟我当时在奥地利的监护人一同去学校找导师谈话。后来，我辗转得知，当时极照顾我的法文老师也大力挺我，才让学校决定再多给我一次机会。

导师通知我可以继续留在学校，咬牙切齿地对我说：“要不是看在你母亲和法文老师的分上，我一定亲手把你送出校门！”然后，他口气放软了下来：“算是我拜托你，不要再让你妈妈伤心了，你知道你母亲在我面前哭了吗？”我低着头，什么都说不出来。

于是，我沉淀下来，决定重新冲刺，也不再随意顶撞师长。老师们重拾对我的信心，也没有任何一位老师对我翻旧账，都不断鼓励我继续加油，我的成绩也渐渐拉回来，甚至在毕业典礼上，我还风风光光地领了优等奖。导师哭笑不得地说：“我从没看过几乎到退学程度的学生，毕业时还能上台领奖的！”

当孩子跌落谷底时，记得让他们了解，你永远都在身旁

毕业后，我曾经回到中学母校教了几年钢琴，因为在文化界闯出自己的一片天，甚至被学校列为杰出校友。有一天，当年的导师在学校走廊上把我拦下来，真诚地对我说：“虽然你是我教过的最难缠的学生，但是你走出了自己的一条路，我们都很为你感到开心。”

他毫无预警地对我伸出手，说：“你好，我是法兰兹（导师的名字）。”我用力回握住导师的手，回道：“你好，我是佳恬。”

或许，你会觉得奇怪：跟老师握个手，到底有什么了不起？但是，在奥地利的文理中学，学生必须称呼老师为“教授”，也必须用敬语“您”来尊称所有的老师；老师则是用“你”来回应学生。微妙的是，学生一旦毕业，老师就会改口用“您”来称呼这些已经毕业的学生。这样的转变，其实是尊重我们这些学生不再是孩子了，而是把我们视为一个大人。日后，当老师视你为平辈时，就会告诉你他的名字，此时的握手，代表的是：“现在我们重新认识，不再是老师与学生的关系，而是对等的朋友。”

导师对我伸出的手，代表的不仅仅是友谊，更解开了我压在心中多年的结。

直到高中毕业十多年，我才鼓起勇气约高中的德文老师出来，也

郑重地请她原谅我连补考都胆敢翘掉的举动。德文老师讶异地问我："有这回事吗？"原来，她对我当时叛逆的行径早已忘得一干二净！只记得我会写文章。

"每次看到你在杂志上发表文章，我都会跟别人炫耀：'这是我教过的学生！'"她骄傲地说。

有了这些经历，我才了解，当你放弃自己、跌到谷底，其实只剩下一条路，就是重新接受自己，站起来想办法再爬上去。当你爬上来后，再次看到相同的风景时，感觉会完全不一样了。你的身体和心灵，也因为这样努力攀爬，而变得更加坚强，也会有更强烈的同理心。后来，在我的钢琴教学生涯中，如果遇到情绪不稳定、冷漠、拒人于千里之外的孩子时，从他们的身上，我都看得到当初的自己，也能够对他们更有耐心。有时候，孩子自己就能爬出来，大人要做的事情很简单，就是不要走开，让他们知道，你在。

奥地利
翻转我的人生观

○拉学生一把，每一位老师都可能拯救学生年轻、炽热的心，带领他走回正途。

○陪伴与关怀，都可以让跌落谷底的孩子学会找回自己的路。

○在奥地利，一旦学生毕业，老师就会转变对学生的称呼，将他们当作成人看待。

如何对待那些不服管教的孩子，是学校要面对的挑战之一。

我们这么想

VS

他们这么说

青春期的孩子就像蝴蝶，大人应该适时地引导，而不是强迫性地捉住、控制他们。

没有一个孩子应该被放弃！

如果一位老师真心热爱自己的工作、真心关心学生，就算再叛逆的学生，也能感受到这份热情与关怀。在我桀骜不驯的青春期，我就曾经遇到几位对我付出极大关怀的奥地利老师。也因为他们，我了解到：没有一个孩子应该被放弃！

默默守护我的初中德文老师

初中时，我的德文老师是一位高高瘦瘦、戴着眼镜的女性，她既严厉又公平，不会将自己的情绪迁怒到学生身上，或是偏心某些学生。因为她，让我爱上德语文学。

升上高中部后，我非常不适应高中生活，加上好几位老师很爱在大家面前用非常夸张的方式赞美我。比如说：音乐课的修女老师在口试时，就很喜欢跟同学说："你们看看她多棒啊！她不是奥地利人，德文这么难，她竟然可以完全正确地回答这些问题！"我不知道修女老师为什么会这么喜欢称赞我，难道她不明白，这样的称赞反而会加深我跟新同学之间的隔阂吗？班上其他同学都知道我的专业是音乐，我会这些问题是理所当然的！当时的我，看到底下同学的白眼都快要翻到后脑勺了。

有一天，我沮丧地在学校楼层间晃，刚好碰到了初中时的德文老师，她很严肃地问我怎么了。我“哇”的一声哭了出来，告诉她课堂上的情形。

“你想太多了。修女老师只是想要鼓励你、赞美你。”

“可是这样只会强调我跟大家的不同，我不想跟别人不一样！”我哭得更大声了，“我在新的班上都没有朋友，没有人理我，我觉得好孤独。”

“我知道。”老师静静地说，“我也曾经犯过一样的错误。你不要担心，我会帮你。”

奇妙的是，自从那天起，再也没有老师用那种很夸张、哄小孩式的方式赞美我了。再次遇到初中德文老师时，她只是淡淡地跟我说了一句：“这件事已经讨论过了。（Es ist besprochen worden.）”她不是说“我”已经讨论过这件事了，也没说她到底找了谁，而是以这样谦逊不邀功的方式，默默地守护着我。

一场法文月考，挽救了我那沉沦、叛逆的少年心

我很喜欢高中时的法文老师对年轻人的形容：“你们就像一只只的蝴蝶，翅膀上总是沾满花粉，大人应该在旁边欣赏你们的青春洋溢，看到你们飞错方向时，适时提醒你们。但是我们不该用网子套住你们，更不应该用力抓住你们的翅膀，因为这样，翅膀上的花粉会统统散落，翅膀也会被折断。”

法文老师也不会以老师的架子来压学生，她说：“老师跟学生唯一

的不同，不过只是年纪。”曾经，她有一次因误会而指责一位同学，后来，当我们跟法文老师解释过后，她写了一封信跟这位同学道歉，说：“对不起，老师错怪你了！”也在下一堂课上感谢我们告诉她事实。我觉得她真的是“言教不如身教”的最好典范。

高中叛逆期时，我从一个资优生变成被所有老师都放弃的坏学生。抽烟、喝酒也就罢了——当时的奥地利，十五岁就能够合法购买烟酒（从二〇一八年起，合法购烟及抽烟年龄限制上修至十八岁），加上我们的校风开明，从不干涉学生碰触烟与酒。最让学校头痛的是：我翘课、跑趴（即“参加各类派对”）、夜游（即“夜晚出去游玩”），跟着三教九流的朋友到处鬼混。

有一次，我又翘掉了一场法文月考。月考结束后，我还若无其事地出席法文课。我心里挑衅地想着：法文老师会不会对我发脾气？结果她什么都没说，而是把考卷发还给我。我心想：我又没来考试，哪来的考卷？结果考卷上面，老师用娟秀的字体写着：因病无法前来参加考试，不计分。

我坐在教室最后面的角落，呆呆地看着老师的笔迹，热烫的眼泪不停地落下。这辈子没有这么难堪过，比被赏巴掌还要热辣辣，也比任何拥抱还要温暖。在那一刻，我痛下决心：我一定要改变自己。

过了很久以后，我才辗转得知，当时校方开会讨论是否要将我退学时，法文老师站起来对大家说：“你们以后一定会后悔的。”就是这句话，让学校退步了。

每个孩子，都需要一个不肯放弃他的人

高中时，班上一位同学跟着朋友离家出走了，没多久因涉嫌杀人

未遂被逮捕，进了少年法院，审结后被判了很重的刑。这位同学在学校选修的外语是拉丁文，从没被我的法文老师教过，尽管如此，法文老师仍然会去探监。法文老师让我看到：她不会放弃任何一个孩子。

法文老师也不断鼓励这位同学，让她不要放弃自己。于是，这位同学决定在狱中继续念书，我们开始收集笔记与书籍，一箱一箱地送到监狱去。过了很多年，她出狱了，静静地在外地展开新的人生。

虽然人生不能重来，但是，每次想起这位同学，我心里都会忍不住想：如果，她当初早一点遇到法文老师，或许人生就会有不同的变化……

今天，许多人看到我的履历，会对我说："你真的是人生胜利组的！"我微笑着对他们说"谢谢"。但是，我心里很清楚，我只是非常幸运，在我自暴自弃时，有一位老师不肯放开我的手。不论我多用力地试着甩开，她都没有放开我，一刻也没有。

所有孩子的生命中都应该遇到一个相信他、不肯放弃他的人。就算只有一个，也就够了。我们也要期许自己，至少成为一个孩子生命中，那个不肯放弃他的人。我们也必须让孩子知道，他不是一个人，不管发生什么事情，都会有人在一旁等他。因为，每个孩子都值得被等待。

蝴蝶，都应该能够展开翅膀，在花朵间飞舞。

奥地利
翻转我的人生观

○青春期的孩子就像一只只美丽的蝴蝶，大人不该用网子套住他们，更不应该用力抓住他们的翅膀。

○每个孩子，都需要一个当他遇到生命中的困难时，愿意相信他、不肯放弃他的人。

为了让孩子拥有更好的教育环境，有能力就该尽早送孩子出国，就算失去亲子相处的机会也是必要的牺牲。

我们这么想

VS

他们这么说

亲子相处是家庭关系的核心，是需要经营的。不管是父母或孩子，都要敞开心房让对方了解自己的想法，才是真正的沟通。

不论在哪里，家才是孩子最重要的支柱

因为现在网络越来越发达，我不时会收到许多家长来讯，询问我对于送孩子出国念书的意见。

但是，我也想反问各位家长："为什么想送孩子出国？"

送孩子出国前，先想想："为什么送孩子出国？"

家长为何会想把孩子送出国，回答几乎都是：对我们的教育环境感到忧心，非常希望把孩子送出国，而且越早越好。

然而，我对于送孩子出国念书的真心话，其实是：我不太赞成将小学生或是初中年纪的孩子送离父母身边。或许有人会说："这不是很矛盾吗？你自己就是小留学生，也说奥地利的教育很好，改变了你的人生，也有不错的发展，为什么反对别人将孩子送出国？"

是啊，我的人生看起来是顺遂成功的，但是我和我的家庭为此所付出的代价是外人难以想象的。身为家长的你，无法看到孩子在青春

期中的摸索以及不安。就算他在寄宿家庭有人照顾，你还是无法实际碰触到孩子的生活。如果把孩子送到国外，你不花工夫经营亲子关系，孩子极有可能会离你越来越远。

也有家庭选择夫妻分开，太太跟着孩子出国，放下“女人”以及“妻子”的身份，全心全意扮演“母亲”以及“陪读”的角色。除非家庭向心力很强，不然这个赌注真的太大了。我看过太多夫妻最后同心却不同路，甚至不同心也不同路的案例。

如果家长单单只是因为“我们的教育环境太糟糕”而想送孩子出国，我觉得理由是不够的。相信我，我们的环境没有你想象的差，外国的教育环境也没有你想象的好。我的观察是：通常会不断批评自家环境的人，到了国外还是会嫌东嫌西，毕竟国外的教育也有其盲点以及缺失（而且还不少）。

如果因为孩子自己想要出国，那么就应该想想：是哪些特别的东西吸引孩子，比如说戏剧、芭蕾、舞蹈、绘画、体育、手工艺等传统，或是当地的环境氛围，让孩子（而不是家长）打从心底想要追寻。这样的出发点是“想看外面的世界！”“我就是想做这个！”那么，我认为是非常值得鼓励的，应该勇敢去尝试。

此外，各个国家间也有许多短期的交换生计划，我觉得这也不失为一种见识他国文化的方式，也能测验孩子是否真的适合在国外生活。如果孩子在短期的国外学校生活后，全心全意想要留在国外继续学业，此时，家长与孩子都要坐下来好好讨论，分析出国留学对彼此的利弊再做最后决定。

成长过程中，我的运气很好，遇到了许多对我很好的人。但是，我也在路上被人扔过雪球、被辱骂：“小眼睛东方人滚出去！”而且，从小夹在不同文化中，在归属以及认同上，很容易迷惘。加上从小离开父母身边的孩子，因为得自己保护自己，会建立很强烈的自我保护机制，不容易信任别人，也不会让他人太靠近自己的内心。身为家长的你，是否有足够的心理准备，接受孩子有可能得这些俗称的“小留学生症候群”？

家庭的陪伴，是每个孩子不可或缺的成长养分

在我的求学生涯中，以及后来进入社会的道路上都曾遇到过不少困境。幸好，我有家人的支持，才得以一一突破。前面我提到十四岁那年的夏天，被格拉茨音乐与表演艺术大学退学了。其实，当时能再度回到奥地利，是经过一场家庭革命的。

话说，被退学的当下我浑然不知，还开开心心地回到台湾屏东过暑假、上台北找亲戚玩。这时，我的爸爸妈妈收到通知：我被退学了！于是，他们立刻打电话给大我六岁、当时在台北念书的哥哥，要他马上带我回家。哥哥当时并不明白整个事件的始末，只能听从爸妈的要求，赶紧把玩到天昏地暗的我从阿姨家接走，搭上国光号的夜车，在清晨破晓时回到屏东。

在家门口，父亲看到我就冷冷地说了一句：“你不用再去奥地利了，钢琴教授不要你了，你已经被学校退学了。”

听到这句话，我大为震惊，马上回嘴：“我要回奥地利！”但是爸爸完全不为所动，态度非常强硬。我向妈妈求情，妈妈却静静地流着泪说：“你爸爸一旦下了决定，谁也改变不了。”

我只能往哥哥房间跑，哭着唤醒一夜没睡才刚刚入眠的哥哥。他脸色凝重地听完我的叙述，然后说：“好，你在房间里等着，我下去和爸爸说。”

我哭着哭着，就睡着了。不知道过了多久才被哥哥摇醒，他淡淡地说：“没事了。你下去和爸爸道歉，说你会努力加油的。爸爸会让你回奥地利念书的。”哥哥从没告诉我，他当时到底是如何说服爸爸让我

回奥地利念书的，就好像什么都没有发生一样。隔了很多年，妈妈才和我透露：那天，哥哥一到爸妈面前，二话不说就跪了下去，说“爸爸我求你，无论如何，一定要把妹妹送回奥地利，让她继续念书，圆她的梦想”，说着就啜泣起来。

爸妈大吃一惊，立刻从沙发上跳了起来。

其实，我的哥哥脾气很硬，有次家族聚会，哥哥冒犯了奶奶，父亲怒吼着要他跟奶奶下跪，哥哥就是不肯。父亲火一上来，就把哥哥推倒在地，所有亲戚都冲上来拉住他们。我记得很清楚，当时，我们这些辈分小的孩子都躲在一旁吓哭了。唯有哥哥，脖子都红了、肿了，但是却硬是不哭也不跪。

个性那么硬的哥哥，为了妹妹，“扑通”就跪在爸妈面前。妈妈急坏了，因为那时候哥哥的身体不太好，她和爸爸要拉他起来，哥哥却怎么也不愿意，激动地说：“你们不让妹妹回奥地利念书，我就不起来。”

爸爸这时只得点头，我也得以回到奥地利继续学业。这次的经历，也让我的家庭凝聚了力量。后来，不管发生什么，我的家人都愿意在我的背后支持我。

不论父母或是孩子，都应该努力经营亲子关系

我长期居住在国外，父母其实常常搞不懂我到底在做什么，于是我花了很多时间与父母沟通。其实，这是我从许多奥地利的家庭中学到的：良好的亲子关系，不会从天上掉下来，是要去经营、去维持的。身为孩子，你就是家中的一分子，只会对父母抱怨“你们都不懂我的想法”是不够的，我们有责任让父母了解自己的想法。

我接触过各式各样的奥地利家庭，发现绝大多数的奥地利父母不论再忙，都会想办法挤出时间与孩子相处，也十分注重亲子之间的沟

通。这里的孩子，绝大多数从小就被要求跟着爸妈一起做家事、为爸妈分担压力。许多十来岁的奥地利孩子就会煮饭给家人吃，我也见过奥地利小学生主动招呼来家里的访客，倒茶水、端点心，让客人感到宾至如归。在餐桌上，一家人大声讨论时事和学校课业，有欢笑也有泪水。

这样子的亲子生活方式，需要花很多精力经营，也会产生许多摩擦，但是，同时也能够将家人的心系在一起，并培养彼此的信赖感。家长了解、信任孩子，就不容易陷入为孩子过度担忧的情况。

父母的支持，是孩子面对挑战的最大原动力

在我小时候，母亲就发现我的个性随心所欲，无法被框住与控制。她曾经形容我就像是一只风筝。我想要出国学音乐，她和父亲就拼命工作赚钱，让我得以到国外追梦。她说，她将风筝线牢牢地揽在手心中，虽然碰触不到我，但是她看得到我如何在蓝天中飞翔。

搜索记忆，每次爸妈送我到机场，从来没在我面前落泪，一次都没有。暑假过后，机场总有许多留学生背着大包小包的行李准备出国。别人家在别离时，都哭得稀里哗啦的，只有我爸妈老神在在，妈妈还会鼓励别的家长：“你们要为孩子高兴啊，孩子是要飞到更宽广的世界去学习啊，我们都是很有福气的父母呢！”记忆中，每每离开台湾时，我看到的最后一幕，都是爸妈站在关口，笑嘻嘻地对着我用力挥手，仿佛是热情的粉丝为心爱的偶像打气。也就是这一幕，让我每次都充满了勇气，再度去面对千里之外的挑战。

孩子的教育，无论是在国内还是国外，是在城市还是乡间，都是每个家庭自己决定的事情。但是，真正重要也绝不能忽视的事情，就是：不论孩子今天在哪里，最需要的是家庭的正面支持！

奥地利
翻转我的人生观

○良好的亲子关系，不会从天上掉下来，而是需要父母、孩子共同去经营、去维持的。

○外国的月亮不一定比较圆，不论孩子在哪里学习，最重要的是家庭的正面支持。

○不论再忙，奥地利父母都会尽可能地找时间与孩子相处，经营亲子关系。

Part 5

不论哪一个国家，都还在学习更好的教育方式

世界上没有完美的教育体制，每种教育模式都有其不足。然而，借由观察、了解其他国家、其他教育模式，进而检视自己的优缺点。如此一来，才能提供给孩子最适当、最健康的教育模式。

每一个国家，都在为了孩子的未来而努力着！

考试不就得大家考同一份考卷，才能分出高下吗？

我们这么想

VS

他们这么说

考试不只是为了测验学生的学习进度，还是培养孩子“自主学习”的一环。

“成熟考试”让每个孩子都能发掘自己的兴趣，为自己的选择负责

奥地利中学一共分为八个年级，前四年为“低年级”（Unterstufe），年纪相当于我们的小学五年级到初中二年级，后四年为“高年级”（Oberstufe），可以想象成初、高中一贯制的中学，也就是小学五年级至高中三年级。

在奥地利中学八年级最后一学期结束前，将会举行毕业考“Matura”（源自拉丁文，意为“成熟”），德文的正式名称叫作“Reifeprüfung”，直译就是“成熟考试”。这个中学时期的最后一场考试，对奥地利中学生来说，是整个中学时期最重要的目标。

中学毕业考不只评断学生的学习程度，也让学生学会对自己负责

“成熟考试”的成绩单上，记录着指定科目以及自选科目的成绩（考试范围则是该科中学八年的课程内容），这张成绩单也就是你的“中学毕业文凭”。中学八年级的课程差不多会在毕业前三个月结束，剩下的时间就是准备最后举行的成熟考试（也就是暑假前）。如果通过了这场考试，就代表你“转大人”了，要对自己的未来负责，这也是为什么在奥地利，这场考试被称为“成熟考试”。另外，奥地利大学除了少数科系有入学考，绝大多数的科系只要通过成熟考试，即具备大学入学资格。

奥地利大学体制中，艺术专科大学、应用科技大学和极少数热门科系（如建筑、医科、生物、心理学、新闻系、法律等），因为得控制学生人数，所以设置了入学考。而大学里绝大多数的科系，只要你有成熟考试文凭，就不需要参加任何笔试或是面试，即可就读。也就是说，准大学生可自由选择想要念的科系，甚至也可以同时选择不同的科系就读，只要你应付得来。

我自己就是经由入学考进入艺术大学钢琴演奏科的。二十岁那年，我参加了一个讲座，听了综合大学“语言学”系主任的演讲，他生动风趣地叙说人类与语言之间的关系，我完全被内容迷住了。当下，我心中有个声音响起：“这就是我想要学的！”会后，我鼓起勇气去询问这位系主任，念这门科系需要具备什么条件。然而，他只是笑眯眯地问我是否有成熟考试文凭，我赶紧点头，他说：“那你就可以去我们学校报名注册，欢迎加入我们的行列！”

回家后，我考虑了几天才带着成熟考试的成绩单、身份证到综合大学注册组填写入学报名表。我心想，既然要报名“语言学”，那干脆也报名“音乐学”，增加自己在音乐上的学术知识！就这样，我在五分钟之内成了两个科系的新生。

多元化的考试方法，学会“自己做决定”

升上中学高中部后，各科老师也会不断地耳提面命，催促你思考“究竟想选哪些科目”来参加成熟考试（没错，在奥地利，学生对于毕业考的科目是有选择权的）。在学校的课业里除了必修课程，还必须加修自己想更深入学习的科目。当时，我选了“英文”“法文”和“生物”当作加修课程。选英文跟法文的理由很现实，我想要提升自己的语言程度，高分通过成熟考试（结果我最后根本没选英文当作成熟考试科目）。选生物是因为我很喜欢选修课的那位老师，她的上课内容是跟学生一起讨论后才决定的（如同我在第一章提到的，奥地利老师真的有非常大的授课自主权啊），上课主题是人脑构造以及精神疾病，生物老师也带我们去参观精神病患者的艺术展览，许多作品到今天都还深深留在我的脑海中呢！

当年，我的成熟考试一共包含七场考试，考试方式可从下列三种中选一项：

- 四科笔试+三科口试；
- 三科笔试+四科口试；
- 交一篇论文+三科笔试+三科口试。

在笔试方面，共有三科是笔试必考科目：德文、数学、一科活外语（也就是还在使用，且不断新增词汇的语言）。我所念的中学，活外语有英文、法文、西班牙文，考生可以自由从中选一种当作成熟考试科目。决定考四科笔试的同学，则必须多考一科外语，可以选活外语，也可以选死外语（也就是拉丁文或古希腊文，这类已经不再新增词汇的语言）。

口试方面，并没规定必考科目，但是口试必须包含至少一门社会科/艺术科、一门理科、一门语言。

然而，我选择了第三种考试方式，也就是交一篇论文+三科笔试+三科口试。当年，全班除了我以外，只有另一位同学跟我选择第三种考试方式，绝大多数的同学宁可念书考试也不愿意写论文。

我的中学成熟考试，论文题目为《画出来的文字：书法史》；笔试则考必考的“德文”“数学”，以及可以自选的活外语笔试“法文”；口试则考了“美术史”“生物”以及“法文”。

奥地利的成熟考试中，每一科笔试的时间长达四到五个小时，且一天只考一科。口试则是在笔试结束后一个月左右举行，内容分两部分：第一部分是所谓的“核心内容”，考题是学过的课程；第二部分叫作“特别领域”，学生必须自己准备一个主题，考试当天，主考官会依照所选的内容提出问题。

一个科目的口试时间是二十到三十分钟，学生必须面对二十人左右的评审团。为求公正，评审团的主审官由其他校的校长担任，而学生所属的学校校长则必须从头到尾出席，在旁听取每位学生每一堂口试。口试的主考官则是该科目学生自己的指导老师，但是其他评审委员也可以当场提问，对学生还有指导老师来说，压力都不小。

“历史”和“心理学与哲学”是我们那届最热门的口试科目，但是我选的都是超冷门的科目。在我的班上，只有我跟班长两个人选择了

"生物"当作口试科目，所以生物老师有非常充裕的时间帮我们准备成熟考试。但是，我们挑的"特别领域"都让生物老师非常头痛，班长选了"性病"，我选的则是"肥胖症"。尽管生物老师相当开明，但还是忍不住碎碎念了一番："为什么你们就不能选一些可爱的动物或是植物分类当作口试范围？"

口试的时候，班长面不改色地投影了许多溃烂的性器官照片，我则是整理了多张肥胖症后期的病理图片。结果，评审我们两个人考口试的评审委员，当天的脸色都不太好。

成熟考试，不只为了了解学生的能力，也是为了引导学生成长

中学时期，我们是美术老师的最后一批学生，带完我们这届，她就要退休了。我很喜欢上美术课，于是我在七年级时跟美术老师提起，想要选美术作为口试科目，老师当时也答应了，但是也告诉我：必须在考前交二十张图。

美术老师的这个要求并不难，几年的美术课下来，我已经累积了不少美术作品，其中还包含木版画和铜版画呢！学校也将我的作品拿去参展、登在校刊上，所以，我的作品数量绰绰有余。

在准备口试的"特别领域"考试时，因为我很喜欢起源于法国的印象派作品，很快就选出自己想要的主题：奥地利的印象派画家。

听到我选择的考试题目，美术老师吓一跳，说："这方面的信息不好找啊。"因为当时网络还不普遍，我只能像侦探似的翻着电话簿，找到奥地利境内著名的画廊还有博物馆，一一打电话去询问。最让我感动的是，每一位艺术家与相关领域的专家，一听到我是为了考成熟考试而来咨询的学生，都非常热心地为我提供相关资料。

除了电话访问，我还坐火车跑了好多地方，用零用钱买了好几本珍贵的画作目录当作参考。工作人员看到一个东方小女孩在准备成熟考试似乎都很讶异，还会塞一些美术明信片给我，祝福我顺利通过考试。

我的论文也选择了与艺术相关的主题作为题目，不料美术老师听到我的决定却坚决反对，理由是：她教了一辈子的美术，从来没有任何学生找她担任论文指导老师，而且她又不会计算机（我也不太会）。

“我都要退休了，你为什么一定要这样刁难我？”美术老师气呼呼的，“而且题目还是‘中国书法史’？我对这个领域一点概念都没有啊！”

然而，我还是不肯退让，坚决选择这个领域撰写论文。于是，美术老师还找我的导师和校长沟通，但是他们都非常支持我选择这样的成熟考试题目，所以美术老师只得悻悻然地答应了。但是，她仍然认为：校方是为了炫耀“学生可以撰写出如此特别的论文”，逼迫她做这个吃力不讨好的事情。

为了成熟考试的论文，我去大学图书馆借了很多德文著作的艺术史书籍，为了指导我的论文写作，美术老师也得看所有我看过的书籍。于是，我借到的所有文献都影印两份，一份自己阅读，一份给美术老师阅读，当我把资料拿给美术老师时，她总是对我摆脸色。

当时，因为我没有计算机，得去同学家借来使用，加上我并不擅长文字处理，被这份论文搞得灰头土脸。有一次，我花了好几个礼拜努力编写的论文的其中一个章节，却被美术老师无情地扔回来要求我重写。

我哭着回到教室，身上散发出浓浓的低气压，没有同学敢靠近我。下一堂课时，数学老师一进到教室，看到我哭丧着脸，便大皱眉头。听完我的叙述后，二话不说便主动帮我完成这份“成熟考试”论文。她牺牲了好几个周末假期，陪我耗在学校计算机室，甚至自掏腰包买碟片给我。其他的电脑老师听到风声也开始帮我扫描图片、教我排版，并且帮我跟美术老师沟通。渐渐地，美术老师的态度也改善了。

终于到了口试的那一天，评审团要求我画一幅印象派式的蓝天白云，我很紧张，所以画得并不是很好。在抽口试的“核心内容”题目时，我抽到了建筑史，我花了很多时间准备这段资料，所以回答得还不错。当我回答完口试“特别领域”的问题后（有关奥地利印象派画家的问题），重头戏就要上场了：论文口试。

美术老师跟我在考场内挂起了十多幅我写的书法，光这个阵仗就让评审委员眼睛一亮，全校老师只要没课的都来旁听了。结束后，我踏出考场，紧张地等待最后的结果。仿佛过了一个世纪那么长，我的美术老师从考场冲了出来，涨红着一张脸，紧紧抓住我的双手，说：“评审委员一致给你最高的成绩！”她又哭又笑，而我也被美术老师爆发的热情吓到一动不动。

稍晚，导师不可置信地摇头说：“我认识美术老师几十年了，第一次看到她兴奋成这样！”

“成熟考试”不仅是考课本上的内容，更希望学生“思考”自己的兴趣

在奥地利，每个学生选成熟考试的科目时，必须考量各种因素：是要选择自己有把握，却不喜欢的科目呢？还是要挑战自己很喜欢，却不是很有把握的科目？

除了指定的必考科目，全班没有人考完全同样的七科考试。考试

范围除了学过的课程内容，更重要的是，学生必须花时间思考并准备属于自己的“特别领域”。我觉得这传达了一个很重要的观念：你要学会自己寻找，并对自己想要做的事情负起责任。

在选择考试的主题时，没有任何老师干涉我的决定。为了法文口试，我挑了“卡缪的文学作品解析”。这个题目对我当时的程度来说，根本就是遥不可及的目标。但是法文老师只问了我一句：“你确定这是你想要的吗？”而我很肯定地点点头，于是她说：“那我支持你！”

在准备考试的过程中，我多次感到后悔，但还是得硬着头皮准备。当知道自己通过考试的时候，真的好有成就感啊！（不过，还是很羡慕其他人不像我这样不自量力，有位同学的题目是有趣的“法国饮食文化”，还在口试的时候带了一堆法式点心，一边介绍一边分给评审委员，根本就是贿赂嘛！）

“成熟考试”这个名称的确很有智慧。十八岁（大约是高中毕业的年纪）就是法定成年了，成熟考试要的不仅是拼命念好课本上的内容，更希望学生从“思考考试科目”开始，就要自己斟酌，而不是老师或是家长为你选择。因为这不是家长的考试，也不是老师的考试，而是你自己的人生考试！学会靠自己的力量来寻找知识并加入自己的思维，经过这样的过程，你就真的长大了！

奥地利
翻转我的人生观

○考试不应只拼命地念完课本内容，而应从中发掘自己的兴趣、学会对自己的选择负责。

○让学生自己发觉学习的美好，并且自己寻找答案，比起单纯的问与答，更能培养学生对学习的兴趣。

○多元化的考试方式，让学生依照自己的能力选择不同的考试方式，或许也是给学生提供的量身定做的公平。

大学生满街都是，如果没有念过大学，相比之下，没有竞争优势。

我们这么想

VS

他们这么说

不论是升学教育或是技职教育，让孩子选择自己想要的路，才是最重要的。

成就未来，不一定只有一种选择

奥地利是高税收、高福利的国家，所有的公立学校都是免学费的（话虽如此，奥地利学校还是很狡猾，都会设很多名目让家长掏钱的），政府也对本国大学生进行慷慨的学杂费补助。而奥地利的私立学校数量约占全国9%，多半为教会办学，学费幅度也很大，从每月八十欧元（约人民币616元）到五百欧元（约人民币3850元）不等。

奥地利不怎么盛行放学后去补习班，学生有不懂的地方就是问老师，不然就是上几堂家教课。在我中学时期，全年级没有人去补习，虽然城里有几家补习班，但因为需求很低，规模都很小，奥地利学生的补习，大多也是小班制或安排家教。

多元化的奥地利中学制度，让学生拥有不同的人生道路

奥地利是九年义务教育，属于非常早就进行分流的国家，小学教育只有四年，小学毕业后，主要有以下中学学制可以选择：

选择1 “普通高级中学”，简称“普中”（AHS）：八年制，相当于

我们的小学五年级到高三。前四年为“低年级”，后四年为“高年级”。要进到普中必须看学生的成绩单，学校会因学习程度筛选自己想要的学生，所以在奥地利人眼中，相当于升学学校，毕业生多半也会继续念大学（85.8%的普中毕业生在毕业后的三年内会进入大学就读）。普中又分为以下几个种类：“文理中学”（文科理科并重，实务上是以文科为主）、“理科中学”（着重于自然科学及数学）、“人文中学”（着重于古希腊文、拉丁文和哲学课程）、“经济理科中学”（着重于经济学和生命科学）。

选择2 “新式中学”，简称“新中”（NMS）：四年制，相当于我们的小学五年级至初中二年级。这是奥地利二○一二年在教改途中推出的新学制，基本上是四年旧学制“主要中学”（Hauptschule）的改良版本，多半是给成绩较一般，或是想要尽早就业的孩子就读。在课程上，新中的要求也没有普中严格，也有大量家政课及手工艺等实用课程。

但是，仔细算一下，小学四年加新式中学四年，咦？这样不是还差一年才满九年国民教育（即义务教育，后文简称“国教”）吗？是的，还差一年才能完成九年国教。新式中学的毕业生如果成绩优秀，可以免试插入普中高年级，或是进入一到五年制的职校、商校、工专（Berufschulen）等。不然，也可以选择念一年制的“综合科技学校”（Polytechnische Schule），才能完成九年国教。如果学生不想为了这一年而找新学校，有的新中也会开一年的“OK班”（Orientierungsklasse的缩写，意为“寻找方向的班级”），在这一年间提供就职方向指导。

我的中学母校很特别，同时有“普中”制度下的文理中学，也有“新中”的班级。我自己的中学之路就是先念新中（当时的学制还叫作“主要中学”），后来再升上普中的高年级（等同于我们的高中）。

奥地利学制规划一览表

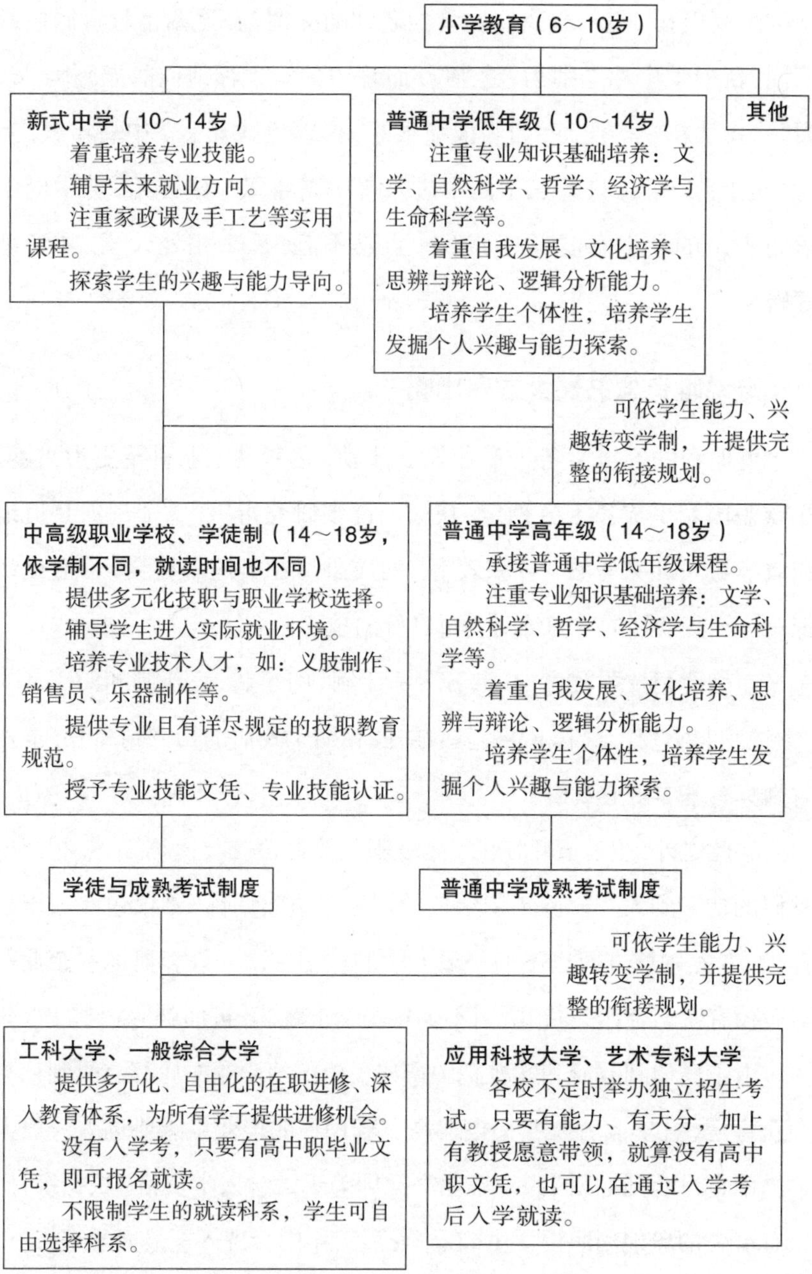
小学教育（6～10岁）
新式中学（10～14岁）
着重培养专业技能。
辅导未来就业方向。
注重家政课及手工艺等实用课程。
探索学生的兴趣与能力导向。
普通中学低年级（10～14岁）
注重专业知识基础培养：文学、自然科学、哲学、经济学与生命科学等。
着重自我发展、文化培养、思辨与辩论、逻辑分析能力。
培养学生个体性，培养学生发掘个人兴趣与能力探索。
其他
可依学生能力、兴趣转变学制，并提供完整的衔接规划。
中高级职业学校、学徒制（14～18岁，依学制不同，就读时间也不同）
提供多元化技职与职业学校选择。
辅导学生进入实际就业环境。
培养专业技术人才，如：义肢制作、销售员、乐器制作等。
提供专业且有详尽规定的技职教育规范。
授予专业技能文凭、专业技能认证。
普通中学高年级（14～18岁）
承接普通中学低年级课程。
注重专业知识基础培养：文学、自然科学、哲学、经济学与生命科学等。
着重自我发展、文化培养、思辨与辩论、逻辑分析能力。
培养学生个体性，培养学生发掘个人兴趣与能力探索。
学徒与成熟考试制度
普通中学成熟考试制度
可依学生能力、兴趣转变学制，并提供完整的衔接规划。
工科大学、一般综合大学
提供多元化、自由化的在职进修、深入教育体系，为所有学子提供进修机会。
没有入学考，只要有高中职毕业文凭，即可报名就读。
不限制学生的就读科系，学生可自由选择科系。
应用科技大学、艺术专科大学
各校不定时举办独立招生考试。只要有能力、有天分，加上有教授愿意带领，就算没有高中职文凭，也可以在通过入学考后入学就读。

普中低年级生跟新中学生都是十到十四岁左右的学生，不少普中学生趾高气扬，瞧不起我们。就连老师的称谓，在这两个教育制内都不同：新中学生称老师为“老师”，而普中的学生称他们的老师为“教授”。我从新中毕业时，因为成绩很好，得以免试升上普中高年级，当时，班上除了我，只有三位同学进入普中高年级。刚开始，普中同学对新中来的学生态度都有那么一点瞧不起，后来相处久了，才渐渐好转。

谁说唯有念书长大才有出路？

奥地利的经济与各种产业发展蓬勃，尤其以工业科技更为兴盛，在欧盟国家里成长十分稳定、快速。许多研究指出，这个现象是奥地利政府数十年来重视“技职教育”的成果。在奥地利社会，普遍也认定——经济发展的主力绝对受过良好的技职教育。

在奥地利技职教育中，共分为一年制、两年制、三年制和四年制的“中级职业学校”，简称BMS，教育时间相当于我们的初三到高三，毕业时则具有基本就业资格。

除此之外，也有五年制的“高级职业教育学校”，简称BHS，相当于我们的初三到大一。五年制学校的课程着重实用性，不仅包含通识教育，在专业领域方面也不输一般大学的教学层次。许多奥地利企业都与职校有密切合作关系，吸引不少年轻学子就读，进而就业。

由于奥地利政府和学校把关严格，BHS的毕业文凭都会受到社会大众肯定，且毕业后就业率也偏高。若BHS的毕业生想要进入一般大学进修也没有问题，因为该毕业文凭即等于大学入学资格（根据统计，约有40%的奥地利职校学生，在毕业后三年内会进入一般大学进修）。

奥地利教育部在二〇一五至二〇一六年统计全国的青少年完成九年国教后，依然就学的十六岁学子中，普中高中生仅占22.8%，而工商技职学校和学徒制，加起来居然超过70%！剩下的7%左右，则落在教育学院的附属中学或其他学制。看到这个比率，就不难想象奥地利多么重视技职教育了。

政府提供完备的制度以保护学生的权益

在奥地利十六岁的学子中，学徒人数就占了33.8%的比例。也就是说，每十个十六岁青少年中，就有三个是学徒。

“学徒制”（Lehre）在奥地利被列为正规教育。学徒教育最短一年，最长四年。当学徒出师后，就被视为国家的技术人才。

奥地利为学徒设计了“双轨培训”（Duale Ausbildung）的教育模式。学徒教育中，学生约有80%的时间待在企业、工厂或是跟着师傅进行训练（依照学生选择的行业不同而安排实习的企业），剩下20%的时间则是待在职业学校扩展通识教育，同时补充其他必要的专业知识与技能。学徒会从培训的企业或是师傅那边得到微薄的薪水。通常，学生每周会到职校上一到两天的课程，如果职校安排数个礼拜的连续课程，学徒因而无法上班时，政府也严格规定“企业必须继续支付学徒薪水”，而且，若企业与学校合作训练学徒，也会得到政府的协助与补助。

从二〇〇八年起，奥地利也增加了“学徒制和成熟考试”（Lehre mit Matura）的制度，在学徒训练和职校课程外，也会安排学徒参加成熟考试（等同于我在前面所提到的高中成熟考试），等于这些学徒又多了一张证照。不少学徒为了提升自己的竞争实力，纷纷选择这个新式的教育系统，我周遭就有不少朋友的孩子走这条路，除了跟在师傅身边学习以外，晚上和周末都在职校上课，非常努力，真的好让人敬佩！

我也有好几个钢琴家教学生在做学徒训练，一位选的是“销售员学徒”，在一家连锁宠物用品专卖店担任学徒，她曾经邀请我到她上班的地方参观，看到一个十六岁青春年华的小女孩被使唤来使唤去，我心里浮起“这是不是廉价劳工啊”的隐忧。

然而，这个女孩跟我解释，她必须轮流待过公司里的每个部门，也真的从中学到很多东西。“而且我还有薪水，现在都不用跟家里拿零用钱，还可以自己付钢琴家教的学费了呢！”她用一种小大人的语气说着。

现行的奥地利学徒学制共有数百种学习课程，比如一般人耳熟能详的：美发、餐饮、旅馆、木工、水电等。在音乐之国奥地利，也有与音乐相关的学徒行业，如管风琴制作、传统音乐手风琴制作、弦乐器制弓、钢琴制作都是呢！而我看过最冷门的学徒行业则是：手工轻型飞机制作！

许多学徒行业拥有数百年历史的传统技艺，有的也面临即将断层的命运，例如：竹藤编织、毛刷制作、筑炉等。所以学徒制也是传承传统技艺的重要途径。

除此之外，只要通过政府的审核，就连慈善机构都可以成为训练学徒的场所。离我住处很近的一座山上有一个动物之家，专门收容受伤或是变成孤儿的野生小动物（我也曾把在路边捡到的受伤的刺猬小宝宝送过去），让动物养伤，再让它们回归大自然。这间动物之家的创始人也考取了训练学徒的资格，目前底下的好几个工作人员都是她一手带出来的学徒，也都出师了呢！

我先生在大学工作，他一直想要训练学徒，所以也同样去上学徒培训课，并且通过了训练学徒的资格考试。我好奇地问他："那你想要训练什么样的学徒？"我先生回答："办公室流程！"这个回答真的让人吃惊！连"办公室流程"都可以有学徒制？

于是，我先生所任职的单位便来了几个学徒，表现也都非常好，其他同事也相当乐见年轻人的加入，同时提升了大家的士气。

但是，我心中还是免不了有"学徒 = 廉价劳工"的担忧，然而，我先生告诉我："身为训练学徒的场所，必须负责教导学徒知识，政府也有许多明文规定来管控，不会有这样的状况发生的！"

放开阶层的隔阂，让孩子走自己的路！

其实，在奥地利，数百年来的阶级概念依然根深蒂固。家长的教育程度不时会被"遗传"下去（这里的遗传指的不是生理上的遗传，而是家庭背景的传承）：高级知识分子的孩子绝大多数会成为知识分子，而教育程度较低的劳工阶级的孩子多半不会走上升学一途。

我在奥地利的第一位德文家教嫁给了骨科医生，夫妻两人也只有一个宝贝儿子。通常，在这样的家庭出生，孩子在小学四年级后，便会被期待去念八年制的普中，走上升学一途。然而，这个孩子偏偏不喜欢念书，而是走了学徒制，学做义肢。后来，孩子出师了，也在业界闯出一番名堂，师丈却一直觉得自己的独生子没有上大学，是"做工的"，而为此感到惋惜。

前几年，师丈从医界退休了，被朋友怂恿去做学徒。他选的行业，我听了差点从椅子上跌下来："手工猎枪制作及维修！"这是奥地利最冷门的学徒行业，全国目前只有一位师傅在传承。高高在上的医生去做学徒，从打扫还有磨木头开始做起。然而，亲自进入学徒制后，师丈这才发现，学徒与想象中的不同，必须吃苦耐劳，也必须有足够的手工天赋才行。

有一天，师丈找来已经四十多岁的儿子长谈，说:“爸爸以前一心一意希望你念书，你却选择学习制作义肢，其实你吃了很多苦，我都没有看到，真的很对不起。你的工作对社会非常有贡献，爸爸很敬佩你。”师丈眼眶带泪地告诉我，他那沉默寡言的儿子听完这番话，什么都没说，就是不断流泪。

我的另一个朋友，爸妈都是从土耳其来奥地利打拼的外籍劳动阶级，并在奥地利一个偏远乡镇落地生根。这个移民之子很喜欢念书，但是村民绝大多数都是劳工阶级，村里的孩子多半也是走技职学校或学徒制，他的父母也都只有小学毕业，实在不太能理解他为什么这么喜欢念书。然而，我这个朋友排除万难，竟成为这个村子里第一个到城里念大学的孩子，成了全村的骄傲。如今，他也成了人权律师，努力为弱势移民发声和争取权利。

每个人都有权选择，走自己想走的道路

奥地利政府这二十几年一直致力于打破这所谓的“教育程度遗传”，致力于让不同社会阶层流动。奥地利政府提供信息让家长和学生了解:不论你来自什么样的家庭、不论选择升学教育或是技职教育，让孩子走上自己想要的路，才是最重要的。

奥地利政府也在这些系统间设置了互相衔接的管道，如果学生发现走的路不适合自己，能够随时转换跑道，奥地利政府的这些努力确实渐渐开枝散叶。这些年来，我们慢慢能够看到各个学制中的学生，

其家庭背景比以前多元化了。

这就是奥地利的教育制度里面，我最喜欢的观念了：十几岁的年轻人就可以，也应该选择自己要走的路。而不论是选择念书或是就职，都很好，重要的是，这是你要的！

本文所引用数据，来自奥地利统计部于二〇一七年发表的"Bildung in Zahlen 2015/16"以及奥地利教育部于二〇一七年发表的"Zahlenspiegel 2015/16"。

奥地利
翻转我的人生观

○学习并不只有“升学”“念书”一途，让学生找到自己的兴趣、学会一技之长更加重要。

○培训学徒，不该将其当成廉价劳工来使用，而是要训练更多专业人才。

○奥地利多元化的中学选择，加上各个管道的互相衔接，让学生勇于寻找自己的兴趣。

欧美的教育制度好像都很完美，给孩子自由的发展空间。

我们这么想

VS

他们这么说

世界上没有完美的教育，但是我们都在为孩子的未来努力着。

外国的月亮不一定圆——奥地利学制中的三大缺陷

以我在奥地利的成长经历来看，奥地利的教育环境注重人性化，从不把分数视为一切。学生从小学毕业后，就能依照自己的兴趣选择适合的中学制度。课堂上，奥地利老师有偌大的发挥空间，也没有赶课的压力，中学毕业前最重要的“成熟考试”，也以发展学生个人兴趣为主轴。听起来似乎很完美，但真的是这样吗？

人性化、自主性是奥地利教育最大的优点，却也是最大的致命伤

德文中有个谚语：“每块奖牌总有双面。”这句话就是奥地利教育系统最好的写照了！奥地利体制中，有着让人赞赏的地方，但是翻过来一看，却也隐藏了几个惊人的弊病：

缺点1 人性化、个性化、自主性的教育模式，会影响评分的公平性。

考试的分数不是一切，老师会观察学生的平日表现，列入成绩考量。但是，这样的优点也会造成外向、口才好的孩子比较容易得到表

现的机会，而内敛的孩子容易吃亏。更不要说奥地利老师在观察时，无法避免地会加入个人喜好以及主观想法，进而影响评分时的公正性。另外，校内的考试统统都讲究个性化，每个学校都是照自己的方式来执行，每个老师也都照自己的方式来教学，完全没有大家都要遵守的准则。

除此之外，这里的学校讲究让孩子自由发展、不填鸭、不给孩子唯一的标准答案，全国上下既没有统一的答题标准，也没有统一的学业能力测验，导致政府没有客观且公正的教育数据来比较各个学校的成绩以及表现。就连同一所学校同年级的学生，也因为各个班级的老师教法、进度、出题都不同，完全无从比较，学校内部也没有任何客观的数据可以追踪、比较各个老师的表现。

正因为个性化，老师对学生的评分方式拥有很大的自主权利。在没有统一考试，也没有共同标准的规格下，真的能达到公正、公平吗？老师会不会偏袒自己喜欢的学生？比如，写考卷时，通常都是要求要用自己的话说，不要死背答案，也有很多论述题。那么，表达能力比较好的、知道老师喜好的学生，是不是就能写出让老师比较满意的答案？

缺点2　奥地利老师没有赶课的压力，但如果老师不够认真，反而会影响学生的学习效益。

在奥地利，老师拥有极大的自主性，能够完全掌握自己的上课进度。如果遇到认真的好老师，皆大欢喜；如果遇到浑水摸鱼的老师呢？

我在高中时就曾遇到教学态度随便，也不擅讲解的物理老师。讲到“相对论”这个主题时，全班都是问号一堆，根本听不懂老师在说什么。物理老师被我们问烦了，竟然只回了我们一句：“我也不知道怎么解释啊，我自己也搞不懂相对论！”还有曾经一个学期都快过完了，竟然才上了不到十分之一的课本内容。当时，物理老师表示："我是配合学生的程度慢慢上的。"加上考试时，她都出很简单的题目，学生很轻易就能考高分，因此学校也没有施力点来处置老师的行为。

缺点3 小学四年后，依兴趣选择学制，却也造成家长与孩子极大的压力。

没错，我推崇奥地利教育体制中提供许多开放式选项给十四五岁的孩子选择未来的学习之路，这也符合奥地利社会希望孩子能早日为自己负责的民情（在奥地利，十六岁的年轻人就可以结婚了，为自己的路负责也是应该的）。但是，小学只念了四年就进行分流？说好听的是适性扬才，说不好听的，就是赤裸裸地进行阶级分类，不让各个社会阶层的小孩拥有相同的机会。

在奥地利，仍然有一堆家长想要让孩子挤进著名的普中，甚至在孩子七八岁的时候就必须赶快报名了！而且小学四年级毕业的时候，成绩也必须达到一定的标准，不然还上不了普中。许多成绩不够好、无法上普中的孩子，会为自己的能力就只能念"比较差的学制"而感到自卑。在奥地利，普中是八年制教学，一进普中，教授（之前提到，在普中必须称呼老师为"教授"）的教学导向就是以升大学为目标，让十岁的孩童倍感压力。

过早分流的教育制度，反而加重了孩童的身心压力

我看过太多来学钢琴的学生，小学四年级毕业后进入中学适应不良，钢琴也练不好，来上课就是哭哭啼啼，让家长也很头痛。后来，只要遇到有学生小学毕业，我都会请家长暂缓孩子练钢琴的时间，因为孩子的身心正在承受很大的压力啊。

我先生是慢热型的，尽管小学成绩平平，但是当小学老师的婆婆倒也不在意，决定让儿子念新中。然而，我公公却觉得孩子念新中让他很没面子，不太能接受这样的决定。后来，看到儿子在新中过得很快乐，学校教的东西也很多元，这才放下心来。

我先生从新中毕业时成绩很好，老师也建议他继续升学，所以他插班到了普中高年级就读，后来也顺利地一路念了硕士、博士。我婆婆常常跟我说："每个孩子都会走出自己的路，家长实在不需要太担心。"我听到这句话时，真的觉得是婆婆的包容与支持，才让我先生找到自己的路的。

每个国家和地区都有适合自己的教育之路，不需要认为外国的月亮比较圆

在我看来，我们整个教育制度的基本架构是健康的，也有许多很棒的教育理念与想法！比如，我们的学童，能够在小学六年以及初中三年间享受完全相同的学制、拥有相同的机会，而不是十岁就被能力区分，实在比奥地利强太多，也公平太多了！

因为这样的教育制度，让我们的许多孩子可以借由自己的努力，改变自己的未来，借由这样公平的教育制度，拥有翻转自己人生的机会。当我跟奥地利朋友还有家长提我们的小学、初中制度时，他们反而都非常羡慕我们噢。

或许，每个国家和地区都有自己的教育之路，我们可以借由观察其他的教育模式，让自己变得更好、更加完善，但是，不论哪个国家和地区，都有其教育优点。而我们，都在为了让孩子拥有更好的教育环境而努力着！

奥地利
翻转我的人生观

○个性化、人性化的教育看起来很棒，但也可能因此有“不公平、不公正”的疑虑。

○奥地利同样也有许多教育问题需要改进，但是，不论是我们或是奥地利，都在为孩子的未来努力着。

○国外的教育不一定好，更重要的，是观察其他国家的教育模式，从中找到适合自己的教育之解。

我们的教育制度与欧美国家相比，还有很大的完善空间。

我们这么想

VS

他们这么说

奥地利教育也有相当大的缺失，但所有的改变都是为了让孩子拥有最好的教育制度。

每一种教育制度，都在为孩子的成长而努力

没有一个国家的教育制度是完美的。奥地利政府也希望，给老师以及学生自由发展空间的同时，能为每一个孩子提供更公平的教育环境。不论是哪种教育制度，都在为了孩子而努力着！

从过早分流开始着手，让教育制度更加透明化

奥地利小学毕业后，必须从两种中学学制（八年制的"普通中学"与四年制的"主要中学"）中选择一种体制就读。数十年来，不断有人想要将两种中学统一为"综合学校"（类似我们的初中）。但是，问题来了：

既然如此，是要废除普中，还是要废除主要中学？要如何将两个彼此竞争、教学方向不同，连师资培训都不同的学制结合在一起？

普中教师的薪水由中央政府支付；主要中学的老师薪水由州政府支付。如果将学制合并，教师的薪水该由谁来买单？学校该由中央政府还是州政府来管？

在奥地利社会中，也有不少人（尤其是所谓的社会精英）赞成越早

分流越好。由此也可以看出，奥地利的分流制不仅仅是教育议题，更是不同社会阶级之间的抗争。经过了多年的拉锯战，奥地利政府提出了折中方案：将“主要中学”改为“新式中学”。

这样的改变，主要目的是提升教学品质，实施所谓的“开放式学习”，政府也慷慨地为学校提供大量教学经费。虽然新式中学仍然沿用主要中学的校区、老师，但是奥地利教育部给予更多资源，让学校能聘请更多老师分担教学压力。主科如德文、数学、英文，同一堂课会有两位，甚至三位老师一同上课，打破传统教学法中“老师在台上说，学生在台下听”的刻板方式；在功课方面，学习能力较强的孩子很容易觉得上课很无聊，就可以选择所谓的“加深题”，学习能力比较弱的同学，就会由同学以及老师一起帮助他。除此之外，也推展跨科目共同教学：不同科目的老师会一起安排课程、共同教学。

为了了解奥地利教改的影响，我前去拜访了初中的理化老师（现在已经成为母校的校长，学校也从“主要中学”学制，升级成为“新式中学”了），我带点质疑的态度，问他：“这样听起来，新式中学的老师要花更多时间备课，还要跟其他老师讨论和准备，老师会愿意吗？”他很肯定地告诉我：“会，就是因为现在的课程比以前活泼很多，学生的反应也很直接，老师感受到自己的教学方式被学生肯定，也就有动力。当然，对于新制度，大家还是会感到不安，但是老师不再是自顾自地上课，而是可以跟其他老师交流。”

在奥地利部分地区，已经做到了所有的十岁学童都上新式中学，学校里结合了普中和主要中学的师资，实施的成效非常好，也真正实现了让十岁到十四岁孩子享有相同教育机会的愿望。对于“所有人都能念初中”的我们国家来说，可能很难理解这样的情况，觉得这不是理所当然的事情吗？但是，在奥地利这个社会阶级明显、讲究精英制度的国家，可是一大进步啊！

除了改善学制，同时改善教师培训制

奥地利学制，其被诟病的原因就出在阶级概念。以简单的二分法来说：八年制的普中学童多半来自知识分子家庭，而新中的学童多半来自劳工阶级家庭。除了学生的家庭背景，就连两个体制内的老师，都有学历高低之分：

普中老师：必须是综合大学（Universität）出来的硕士，在培训过程中着重科目的专业知识。且教学时，都得准备八年的教学内容（请想象老师必须教小学五年级到高中三年级的课程），还要负责陪学生准备高中毕业成熟考试。并且普中老师归中央政府管理，老师学历高、薪水也高。

新中老师：必须是教育学院（Pädagogische Hochschule）出身，培训过程较短，也比较注重教育心理学以及教学法，在培训期间也有比较多实习的机会。教学时，只需准备四年的教学内容，相当于我们的小学五年级到初中二年级，且新中老师归州政府管、薪水比普中老师低。

这两种系统出来的老师，其教学能力各有千秋。但是，许多高级知识分子家长却对两个教学体制的老师充满疑问，认为自己的孩子应该给硕士老师教，因此大多希望将孩子送到普中就读。奥地利政府为了打破这个疑问，大力改革教师培训方式：既然专业大学里面着重于训练老师的专业知识，教育学院则擅长教学法，那何不将两种教师培育机构的优点凝聚起来？

以前，这两个教师培训派系井水不犯河水，但是，近年来在奥地利教育界许多人士的奔波之下，真的将两种教师培训资源总合起来了！现在，念教育系的大学生必须同时念大学和教育学院，毕业后，没有所谓的学历高低之分，也可以自由选择是在新中还是在普中教学。

虽然普中老师的薪水比较高，但是并不代表老师都会倾向到普中任教，毕竟普中得教八个年级的课程，备课压力比起新中老师大许多啊！而且，奥地利的教师培训向来有一个特点：教育科系的大学生在选科的时候，至少要选择两个科目！出发点也是希望教师不局限于某一个科目，也有不少教师在就职后，还继续进修，增加自己的知识。

我在乌苏里嫩中学遇到的第一位导师，其在二十多年前，还只是一个刚从教育学院毕业的菜鸟老师。这些年来，她不断利用课余和寒暑假进修，现在，她不仅是音乐、数学、生物、计算机信息老师，还拿到了"蒙台梭利教育法"（Montessori）的资格。奥地利为老师提供这些机会，让他们可以不断进修，也拓宽了老师的教学视野！

不公开学生个人资料与成绩的学测制度

奥地利在这几年的教改中，花了很多的工夫在设置"教育标准"（Bildungsstandards）上。奥地利学校最大的特色，向来是充满了个性化的教学方式。但是，"过度个性化"所带来的问题就是：政府完全没有任何客观数据，能够比较全国学生的学习程度。因此，奥地利在近年来，设置了全国统一的三次"教育标准考试"。第一次考试在小学四年级（十岁），考试科目为德文与数学；第二次考试则在中学四年级（十四岁），考试科目为德文、数学、英文；第三次考试则是高中毕业时的成熟考试（十八岁）。前两次"教育标准考试"，所有学子都必须在九年国教期间进行测验。

这些考试最大的特点就是：学生的成绩和个人资料是绝对不可以被公开的。奥地利是一个“极在乎个人隐私”的国家，社会大众的共识也认同考试成绩是个人的隐私。奥地利政府举行考试，是为了统计全国学生的学习状况，因此会以不记名方式收集各校的成绩，并且全程匿名。奥地利政府做完统计解读之后，每个学校都会拿到全州以及全国的成绩平均值，但是无法得知他校的成绩。这也符合“不让学校之间彼此产生竞争，而是每个学校跟自己和平均值竞争”这个核心观念。

奥地利教育部会因应各个学校的地点、学童家庭背景、母语非德文学生比例，计算出每个学校的“校内参考应有值”：都会学校整体资源较好，学生素质普遍整齐，应有值较高；偏远地区或移民学生居多的学校，应有值偏低。因此，各个学校可以依照这些数据，了解学生的成绩值。

在奥地利，中学最后一年的成熟考试，近几年间也逐步整合为“中央成熟考试”（Zentralmatura），并于二〇一五年首度实施。由中央政府统一成熟考试的笔试时间以及考题（以前，每个学校、每位老师可以自行决定何时举行成熟考试和考题），最大的考量就是为了让考试条件公平公正，也为了能够比较各校学生的成绩。

除此之外，成熟考试的评分方式也做了调整，奥地利政府为了避免因老师的喜好影响学生的成熟考试成绩，因此，考试方式依旧是七场考试，变化则是：论文变成必考，而笔试依旧可让学生自行选择考三科或是四科。所以，选三科笔试的考生，得另外选三科考口试；选四科笔试的考生，则是另外选两科考口试。

笔试方面，必考科目与以前相同：德文、数学外加一科活外语，改变的项目则是第四科笔试的科目。在我念中学的时代，第四科笔试必须是外语，而现在则没有这项规定，学生从任何一门科目中选择一科当作第四科笔试科目，且口试科目完全开放，由学生自由选择想考的科目，可以说是比以前更自由呢！

然而，在注重个体性的奥地利学校，很多老师以及学生都无法接受这样的改变。全国统一为“中央成熟考试”，代表绝大多数的个体性将被牺牲，老师也不能因学生的程度或是需求自由选择课程，而是必须配合中央政府规定的成熟考试领域。

不过虽然有这些反弹，但是奥地利教育部承诺：成熟考试的题目不会出“需要死背、背完马上忘记”的信息，而是能够长期运用的知识，并且整体上也都做到了这些承诺。自己的指导老师不再是出题老师，也不可能在考前泄题（以前就曾有老师将题目卖给学生的案例），所有考题在考完后，马上可以在中央政府的官网下载，大家也可以自由下载历年真题以及模拟考题来练习。因为这是由中央管理的考试，所以牺牲掉不少自主性，造成社会大众非常大的反弹，但是也不得不承认，这是最透明，也最公平的做法。

为了保障成熟考试的个性化，限制成熟考试，每位考生得找一位指导老师写一篇六千字的短学术型论文和一页英文摘要（Abstract），且题目完全自选，也可以跨科选择，并在口试时介绍自己的论文。谈到这项教改，一位教英文的长辈眼神发亮地跟我说，他们学校有个学生写了一篇让全校震惊又佩服的论文，题目是《在德国纳粹时期的同性恋》；还有个学生则是写《美国的越战电影比较》，他在家里就是一直看电影，还可以理直气壮地跟爸妈说自己是在准备考试！而我的钢琴学生，论文题目也很有意思，她选的是《东西德时期，柏林人的回忆》，由于她的妈妈出生在德国柏林，她便飞到柏林去访问一些年老的居民，写下了这些珍贵的历史记录。

此外，口试科目也依旧让学生自己选择，且口试考题并不是全国统一，而是各个学校老师共同准备数十个题目，再让学生抽题目。自己的指导老师依旧是主考官，但是为了避免老师对自己的学生放水，会有一位同科老师担任副主考官。

更活泼的语言教学内容

奥地利现在的语言教学重视阅读短文、新闻及时事。在外语听力测验上，比起以前有更多“根本没有学过”的词。但是，若学生遇到不会的词，只要拼出来的词与正确答案的发音相同，就不扣分。对于我们国家的学生来说，这可能是一个难以想象的规则，但是奥地利政府的出发点是：听力并不是在考生词，而是在训练耳朵！

上外语课的时候，为了训练学生的口语能力，也添加了所谓的“乒乓法”，意思就是像在打乒乓球一样，学生接到球，就得回球。老师不再问那些千篇一律的：“你今天好吗？”“你吃早餐了吗？”这类只能回答是或不是的制式问题，而是用不符合事实的说法，让学生不得不反驳老师。例如，若今天学生穿了一件全白的毛衣，老师就会故意问：“你今天穿这件横条纹的套头衫很好看噢！”学生接到球，就可以回答：“不是啊，我今天穿的是一件全白的毛衣，正反面都是白色的啦！”

高中时的法文老师告诉我：“曾有位比较调皮的学生，竟然这样回答‘老师你是出现幻觉了吗？怎么会看到条纹？’”

将数学与其他科目结合，让学生发觉“原来数学无所不在”

现在，奥地利学校更注重“数学如何运用在日常生活中”，比如说：数学课会画图表，比较各家电信公司的手机费率与不同的计算方式。

在教学上，则更注重阅读和解说各式数据图表，并将数学与其他自然科目结合，运用在物理、化学、生物上，比如：计算在不同状态下血液在血管里流动的速度，或是肌肉收缩速度等。同时，成熟考试在数学考题中也会结合时事，比如说：就最新数据计算热带雨林在各地被破坏的速度，或是计算滑雪选手在雪道上训练时的时间差等。甚至在国会通过新的所得税法令后，还出现过计算和比较新旧税率的题目。

2017年秋天，奥地利举行国会大选，因此在大选前几个月的成熟考试中，就以"选情预测"为题目：假设一个虚拟政党参与选举，考题中用"信赖区值"[①]来考学生"推论与统计"，并要求解读虚拟民调结果。在奥地利，只要年满十六周岁就可以投票，可以参加成熟考试的学生大多都已经年满十八周岁，所有学生都有投票权。看到这个考题，我忍不住笑了，心想：该不会是奥地利政府拐弯抹角在提醒学生"喂，考完后要记得去投票啊！"

成熟考试中，甚至还出现过轮盘或是掷骰子的题目呢！在奥地利，赌博是合法的，满十八周岁就可以进赌场[②]。我也想起上数学课时，"概率"是所有学生听得最津津有味的一个领域。中学时期，我的概率学得还不错，但是当我终于有机会上赌场时，却从来没有赢过……

这些数学题目都与真实生活结合，并不是凭空幻想出来的。哇，

---

① "信赖区值"（Confidence interval）是统计推论中的基础。新闻报道："针对某两位候选人支持所做抽样民调结果，有40%选民支持候选人A，52%支持候选人B，在95%的信心水准下，抽样误差在正负五个百分点以内。"这个信心水准就是所谓的信赖区值，是从样本数据计算出来的一个区间值。

② 奥地利各大城市都有国家级的赌场，是一种高级社交活动，男士得穿西装或燕尾服，女士则必须穿洋装或晚礼服。

原来数学真的无所不在哎！

永不改变的奥地利教育核心：每个孩子都是独立的个体

奥地利教育在我的成长过程中，对我产生了非常大的影响，我也很希望奥地利教育能够继续稳当地走下去，变得越来越好。这几年的教改，给奥地利的教育环境带来了很大的改变，这些改变会有什么影响，还需要靠时间来证明。但是，值得高兴的是：这个体制对教育的热情没有变，核心概念“每个孩子都是独立的个体”也没有变。

在教育的路上，奥地利依然在不断地前进着、学习着，而我们国家，也同样在跌跌撞撞中，不断进步着。

结语

不论在哪里，都要对自己国家的教育保持信心

在某个大雪纷飞的日子，我与一位家长去喝咖啡，他们家四个孩子都曾是我的钢琴学生，我跟她提到我正在写奥地利的教育制度。她用紧张的语气问："可是我们的教育体制弊端那么多，对你们国家的教育会有帮助吗？我觉得美国制度比较好啦！"那个口气跟亟欲将孩子送出国的家长简直一模一样！我忍不住笑了，跟她说了一些奥地利教育制度中我很喜欢的地方。她想了一下，说："对，你这么一说，其实我们奥地利教育还蛮不错的！"

每个国家的教育制度一定都有其优劣，我们常常关注令我们不满的缺点，而忘记了我们要相信自己所处的教育环境。我们当然会对环境有所不满，因为人都想要追求更好。我们都在期盼环境变得更好，但在期盼的同时，因为我们每个人都是环境的一部分，有些态度是我们能够从自己做起的。比如说，对教育环境保持正面态度，对站在最前线的教育者表达感谢和尊重，对学习中的孩子保持信心等。

我想要感谢以下奥地利教育界人物，以及我的多位老师，在笑泪交加的对谈中，在为我提供许多信息的同时，更使我完整了我的记忆：

我的高中德文老师Margit Bermann；

高中生物老师Renate Büttner；

高中数学老师Elisabeth Stücklberger；

高中英文老师 Johannes Pokorn；

改变我人生的高中法文老师Elisabeth Urdl ；

高中校长Schwester Anna；

初中德文老师Bärbel-Maria Hengl-Fellner；

初中导师Viktoria Hass；

初中德文老师Ursulinen；

初中校长Walter Färber；

第一位德文家教Heidi Hiebler；

施泰尔马克州教育社会局长Landesrätin Ursula Lackner；

教育局人员Eva Stuhlpfarrer；

格拉茨艺术大学KUG的Harald Lothaller；

州立Johann-Joseph-Fux音乐学院院长Eduard Lanner；

Klusemanngasse中学的校长Klaus Tasch；

我的音乐同伴，也在Wiku经济理科中学担任音乐教师的Wolfgang Radl；

昵称为“香水老师”的音乐学院钢琴教授Brigitte Straßnig。

在我的思绪打结的时候，我的责任编辑谢怡文，总是温柔地陪我梳整乱七八糟的结。我的脑海中有一大片森林，她对我的协助，让我觉得像是一盏盏紫色的灯，把原本藏在树丛中隐约的路都照亮了，使我能够踏实地踩着。

感谢我的父母，从我很小开始就让我在空中飞翔，也从未放开手中的风筝线。一路走过来，风风雨雨，他们始终在那里。我的哥哥Micky，一直是我的英雄和靠山。

在写作这本书时，我先生Bernhard表现了无比的耐心，每当我坐在书桌前，为了让自己进入并且保持在中文思考状态中，除了不准他跟我说话，还会放甜腻无比的中文流行歌，音响开得震天响，他总是安静地忍耐着。奥地利教师培训制度的改革，是他近年来在大学工作中很重要的一部分，感谢他为我提供了许多热腾腾的第一手资料。

最后，我想与大家分享奥地利的一位教师兼诗人费斯塔（Ernst Ferstl）写过的一句话："Die Antworten von heute sind offene Türen zu den Fragen von morgen."（直译是："今日的答案是一扇扇敞开的门，通往明日的问题。"）

很开心有这个机会，能够在这里与你走这么一趟奥地利教育之旅。或许让你有了些答案，亦或许让你有了些问题，不管怎样，我觉得都很好。因为，人生就是一连串的答案以及问题。

请继续勇敢地跨出一扇扇敞开的门吧！

杨佳恬

二〇一八年三月，于奥地利